中国沿革地理论丛

蒙文通 著

巴蜀书社

图书在版编目（CIP）数据

中国沿革地理论丛/蒙文通著. — 成都：巴蜀书社，
2025.3
（巴蜀百年学术名家丛书）
ISBN 978-7-5531-2135-2

Ⅰ.①中… Ⅱ.①蒙… Ⅲ.①地理沿革—研究—中国
—古代 Ⅳ.①K901.9

中国国家版本馆 CIP 数据核字（2023）第 241862 号

中国沿革地理论丛
ZHONGGUO YANGE DILI LUNCONG

蒙文通　著

责任编辑	王承军　张红义
责任印制	田东洋　谷雨婷
封面设计	冀帅吉
出版发行	巴蜀书社
	成都市锦江区三色路 238 号新华之星 A 座 36 层
	邮编：610023
	总编室电话：（028）86361843
	发行科电话：（028）86361852
网　　址	www.bsbook.com
照　　排	四川胜翔数码印务设计有限公司
印　　刷	成都东江印务有限公司
版　　次	2025 年 3 月第 1 版
印　　次	2025 年 3 月第 1 次印刷
成品尺寸	130mm×210mm
印　　张	8
字　　数	160 千
书　　号	ISBN 978-7-5531-2135-2
定　　价	64.00 元

本书如有印装质量问题，请与本社发行科联系调换

目　录

古地甄微

附　录

古
地
甄
微

提　要

　　中国古代地理的许多问题都和后来的情况不同，这是学历史的人很重要的事，有待于解决的。如古代"九府"以泰山居中国之中，实因古时东北沿海到医无闾，东南沿海到会稽沿黄河渭水西到霍山（山西）、华山、梁山，这显然是沿海岸和河流的发展，这个区域是一个三角形，泰山自然在中央了。和它相符合的说法就是"六水"，东北有辽水，西南无汉水，也正是这个地形的原故。唐虞时有十二州，东北多营、幽、并三州，也是证明这一地形。到九府变为五岳，六水变为四渎，十二州变为九州，中国的中央自然就在嵩山了。中国从古代以来，文化的发展走向长期都是由东北向西南移动，《禹贡》的九州和《周官》的九州，相应各州的区域也都是从东北而移向西南。

　　《禹贡》所举出的山泽和水道，可以看出由渭入河、由河出济这一条直线上的地理非常详细而正确，很多小山小水都标记出了，这一直线以北和以南举出的地名就疏略而且错误也较大,可见汉族先民聚居之处主要是沿着这一直线。到周代各州举出的地名就无偏详偏略的不同,也不见哪一部分特别错误,也可见人口的分布是由一直线而散到四方了。下至战国,淮水流域详细起来,这和《尔雅》记载的情形很合。到汉以下,这些情形就更清楚明白了。

水道交通在古代很发达,《禹贡》九州的贡道都是水路,渭、河、济为东西水道交通干线。黄河的上段和下一段都不重要,济水在定陶地方分出菏水,南通泗水,合于淮水,又通江水,这是南下一条水道交通干线,所以春秋末就说"陶为天下之中,诸侯四通"。直到西汉初年陶仍然很重要,这是有原故的。梁惠王时,白圭为相,开了鸿沟,把黄河的水引来东入汴渠,到徐州入到泗水。从此以后,大梁(开封)在中国史上就重要了。战国时陶、魏(又写作卫)并称,隋唐到宋汴州都最为重要。到元打通南北运河,汴州地位才降低了。鸿沟分出沙水,由夏肥水直到寿春入淮,由淮南出下施水入巢湖,通大江,寿春正在横过淮水这一水道的十字交叉线上,所以寿春和徐州在古代史上都很重要。楚国后来就选都寿春,楚国先建都在江陵,江陵是由汉水分出扬水通入大江的口子。再渡江由涔澧水入洞庭湖通湘水,这是从《杜预传》里可以看出的。涔水正是古代大江的正流,江陵就成为古代的重镇了。广陵(扬州)是由淮通江的交点,自然也重要。长江由芜湖东出,通溧水入湖,出松江入海,这是中江;又从吴县分出一水到杭州,又东到余姚入海为南江;连北江(今大江)就称为三江。这都是古代交通上很重要的情形,这和许多建国迁都的事都很有关系。但这许多水道后来已不存在了。

古代沿河济一线的湖泽最多,所以黄河的水害并不严重,河流间的支渠繁密,利于灌溉,所以古代北方产稻的地方也很多,这在《周官》和《诗经》里都是可以看见的、可以证明的。古时北方也有漆树,产竹更是普遍。唐宋时黄河以南竹林尚多,更后黄河以南的竹和漆也渐次不存在了,北方的湖泽也多数不存在了。古代森林极多,这也是很自然的,即如邓林之野,不仅占有河南省西部一大片地区,而且北连潼关秦岭,南过荆山汉水,直到长江,都证明是原始森林。战国时楚人在这一地区伐木,直到唐宋时豫西一带伐木的遗俗依然极盛。汉唐宋时政府有大建筑主要取木材于秦陇一带,宋时已经开始在江南取木材了,明清更主要是由西南省份供给木材了,可见森林逐步开发而遭到破坏。自然这些问题和气候——雨量都有关系。古代黄河流域为经济文化较高地区,渐后也就不能不渐次移向长江流域了,这和地理上种种变化都有关系。

中国古代讲历史地理的书,最重要的是郦道元的《水经注》,此书叙述南方水道的错误,过去许多学者已曾指出,因他那是明显不合事实。北方的作者在交通困难的时期不知南方情形是不足为怪的。但此书叙述北方水道也往往有错,因它和汉晋学者经注、史注、《说文》、诸子的注等都不合,也常和《水经》不合。但汉晋间人的说法他们自己却是相合的。即如自来都没有人说济水是两道,但《水经注》却把济水说成有南济、北济,因之济水以南也就说错了一些河流,济水以北也说错了一些河流,水道是有的,某一水道应名为某水常常就错了。这一部分错误前人不曾指出过,现在也把它附在卷末,证明许慎、高诱、郭璞、杜预、京相璠以前到班固诸人的说法都比郦道元的书正确些。至于清代人已经指出了的如郯东大河才是古黄河这一类,因前人已经说过就不再赘述了。

第一章 上古之开化

　　汉族居于亚东，年代已远，初时领域，史籍罕言。考索推寻，亦可略知其概。殆偏在中国今日版图之东北部。唐虞之际，十有二州，营、幽、并三州，并在东北。至夏定为九州，而东北遂以废弃。《禹贡》九州，至周之《职方》亦九州，然考其山镇川泽、每州疆界，又以次自东北而移向西南。是先民游牧渔畋之区本在东北，或历世徙逐，乃渐移于东南。《虞书》"肇十有二州"，马融、郑玄并说有幽、并、营，及《禹贡》之九州，为十二州。是东北疆土，本甚廓广。至以夏周九州相比，则《禹贡》扬州北距淮，至周则淮入于青，扬虽逾江，而不及淮。《禹贡》岱山、大野在徐，至周以徐合青，而岱山、大野入于兖；青北不及岱，而南则逾淮。《禹贡》《尔雅》自河东至济为兖州，而济东至海为徐，周则兖州跨济而南有岱，东南又侵《禹贡》青州地而有潍。古之幽州在燕北，至周以青北为幽，其川河、济，其浸菑、时，皆《禹贡》青州地，并侵兖州东北滨海之地，而燕北为瓯脱。《禹贡》荆州之地,在大别以西、汉水之东者,至周皆入于豫。《尔雅》曰:"汉南曰荆州。"则汉东不属于荆,似豫州南侵而将及于江。《尔雅》:"两河间曰冀州。"《穀梁传》桓五年:"郑,同姓之国也,在乎冀州。"知冀亦南侵豫州之北,而跨有河南。以上皆九州疆域由夏至周以次南移之事也。《禹贡》豫州东有孟诸,至周而孟诸入于青,则徐已西侵豫州地。《尔雅》:"秦有杨陓。"至周而杨纡为冀州泽,则冀已西侵雍州。《职方》豫州,"其山镇曰华山",则已西侵雍州之华山。孙诒让复说:豫州西侵梁州汉北之地。《禹贡》荆州大别以东、江南之地,至周遂入于扬。《禹贡》梁州嶓冢以东、汉南之地,至周遂入于荆。《职方》雍州又西南侵《禹贡》梁州嶓冢以西之地。殆至是而梁州遂废。《吕氏春秋》为秦时书,秦已并巴蜀,而《吕氏》九州无梁州,此与周实有庸、蜀、羌、髳八国而《职方》无梁州同,正以梁州并于雍耳。以上皆九州疆域由夏至周以次西移之事也。《职方》虽有幽州,其幽州固即青、兖二州地,非复古燕北之幽。《尔雅》有营州,其营州固即青州地,非复古越海之营。是以周之九州较夏之九州,已自东北而移于西南。以十二州较夏之九州,其初更益在东北。则汉族较早之根据地,不难推而知也。

再以九府、六水之说考之,则自泰山而北至伊儦,南至会稽,西至华岳,沿海溯河所至,实汉族之故居。《尔雅》《淮南》皆有九府之说:以泰山为中,医无闾为东,会稽为东南,梁山为南,华山为西南,霍山为西,昆仑为西北,幽都为北,斥山为东北。是自泰山沿海而北则至伊儋,沿海而南则至会稽,溯河而西则至霍山、华山、梁山。其沿海滨溯河流而发展之情形,可以想见。《吕览》《淮南》又有六水之说:有河水、辽水、江水、淮水、黑水、赤水。惟东北至伊儋,故知有辽有河;东南至会稽,故知有淮有江;西至华山、梁山,故说赤水、黑水。乃水不知有汉,山不知有衡,谅长江上游非先民之所至,白山黑水实汉族之故居,又可知也。

昆仑、黑水,本为古代神话。汉武帝名河所出山曰昆仑,马记谓张骞使大夏,乌睹所谓·昆仑,知昆仑固不可考,汉武姑名之耳。《天问》:"昆仑县圃,其居安在? 增城九重,其高几里?"《淮南·地形》:"昆仑中有增城九重,其高万一千里百一十四步二尺六寸,傍有四百四十门。昆仑之丘,或上倍之,是谓凉风之山;或上倍之,是谓县圃;或上倍之,是谓太帝之居。"应劭言:"昆仑玄圃,五城十二楼,仙人之所常居。"则昆仑亦藐姑射山之类,特寓言耳。至《禹贡》所记黑水凡三:"黑水、西河惟雍州","华阳黑水惟梁州","导黑水至于三危,入于南海"。雍州之水,何缘得通梁州;三危之水,更无由得至南海。《海内经》:"流沙之东,黑水之间,有山名不死之山。"《淮南》:"食黑水之藻,可以千岁。"此黑水亦神话也。赤水尤不经见,正亦昆仑、黑水之类。

至以九府、六水比五岳、四渎之说,则益见汉族后乃遂西南移。《尔雅》说五岳则泰山为东,华山为西,霍山为南,恒山为北,嵩高为中。嵩山为中,泰山不为中而为东,则东土日蹙。霍山为南,则南土日辟。《殷本纪》言:"东为江,北为济,西为河,南为淮,四渎已修。"比之六水而不见辽,是亦东蹙之证。《尔雅》又言:"河南华,河西岳,河东岱,河北恒,江南衡。"此五山之方域,则嵩不为中而华为中,西日辟而及岳,南日辟而及衡。《郊祀志》言:"三代之居,皆河、洛之间,故嵩高为中岳,而四岳各如其方。"则泰山为中者,上世都穷桑之事也。嵩高为中者,都三河之事也。华山为中者,周人宅酆鄗之事也。以十二州之说视九州,以九府之说视五岳,以六水之说视四渎,则汉族显为自东北而西南,安有自西北而徙东南之迹。是我先民游处之域,早期殆为一三角形,固足明也。

古之建帝都、封大国,皆自东而渐西。即汉族以外之民族,亦莫不然。《帝王世纪》言:黄帝自穷桑登帝位,后徙鲁曲阜。少昊邑于穷桑以登帝位,都于曲阜,于周为鲁。穷桑在鲁北,颛顼始都穷桑,后徙帝丘,于周为卫。则上世王者多作都于鲁。颛顼徙帝丘、葬濮阳。《水经注》言帝喾都亳,殷在邺,葬濮阳。帝都自是乃自鲁而徙于卫。及尧居平阳,舜居蒲坂,禹居晋阳,帝都乃自是自卫而徙于晋。《货殖列传》言:"唐人都河东,殷人都河内,周人都河南。"则自是而三河为帝京。文、武宅酆鄗,而三辅又为帝京。此汉族之发展为自东而西之明验也。方帝都在鲁,则封颛顼于高阳,在开封;封帝喾于高辛,在归德;后并为天子。方帝都在卫,则封尧于唐,虞幕封于虞。方帝都在晋,契、稷为三公,自为大国,而舜又益其土地,契封于商,后稷封邰。乃自晋而入于秦。汉族之日益西进,必以大国先之,事又可见。黄帝北逐荤粥,合符釜山,知荤粥固处中国之北。至周太王居邠,狄人侵之,孟子曰太王事獯粥,于时荤粥已徙而西也。《周书·王会》以大夏、月氏、莎车皆在北方,入汉则并徙而西,则是他族亦自东北而渐以西南徙也。

汉族在上世既沿海以北至伊慮,南至会稽,溯河以西至梁山、华山,是沿海岸线与河流而发展。中国上古文化之产生,当即资于此种地利。郑康成注《尚书》"十有二州":"舜以青州越海,分齐为营州。冀州南北太远,分卫以北为并州,燕以北为幽州。"营州既不合于燕而合于齐,则营、青间之有海道交通,其事已著。在当时不仅有沿海之交通,且有越海之交通也。古代渤海当视今为小，故我先民已能渡之。《沟洫志》王璜言："往者天尝连雨，东北风，海水溢西南出，浸数百里，九河之地为海所渐。"则渤海西南至汉而始以益阔。《水经注》张折言："碣石在海中，盖沦于海水也。昔燕齐辽阔，分置营州，今城居海滨，海水北浸，城垂沦者半。"则渤海东北至六朝而又以益阔。辽河、大凌河昔会今分，亦渤海后来益阔之证。则上古渤海之小，显然可知。《南山经》郭璞注："渤海，海岸曲崎头也。"此惟成山角、威海卫及旅顺足以当之。《说文》："郣，海地。一曰：地之起者曰郣。"盖古代渤海中庙岛群岛隆起海面为土股，此所谓郣也。山东、辽东两半岛间中有长形之土股，先民智识虽低，能力虽弱，渡此海峡，亦非难事。入后土股竟浸陷而为群岛。沿海而西溯黄河，自伊儓而南至会稽，则鲁地遂成交通四达之中心，而泰山之为中央，情事遂益明矣。

第二章 由《禹贡》至《职方》时代之地理知识所见古今之变

一 古文化区域

黄河流域,自古为中国文化最高之区。然黄河者,实概括之辞,古有西河、南河、东河之别。《禹贡》言:"西河会于渭汭。"又言:"逾于洛,至于南河。"《王制》言:"自东河至于西河。"又言:"自南河至于江。"皆是也。盖以龙门以上,河自北来为西河,以下则河东去为南河,至大伾而又北行为东河。就文化发达区域言之,在黄河上游固非西河流域而为渭水流域,在下游亦非东河流域而为济水流域,在黄河自身,仅中游之南河一段,而又辅之以洛水。自渭入河,自河出济,以达于海,由东而西,殆一直线,此乃汉族繁殖,文化最高之区,为东河、西河所不逮,此由《禹贡》《职方》之地理知识可以见也。《禹贡》《职方》记山镇川泽,有最详之地带,有简略之地带,有漏误之地带。

详确者知为人文会萃、交通频繁之区,简略者则人稀地旷,漏误者则足迹罕至、不能知其委悉者也。《禹贡》记"导河积石,至于龙门",此西河也,而略。曰"南至于华阴,东至于底柱,又东至于孟津,东过洛汭,至于大伾,北过洚水",此南河也,则详。曰"至于大陆,又北播为九河,同为逆河,入于海",则东河也,又略。于导山曰"导岍及岐,至于荆山,逾于河,壶口、雷首,至于太岳,底柱、析城,至于王屋、太行",此沿渭北与南河之山也,则详。曰"恒山,至于碣石,入于海",此沿东河之山也,则略。又曰"西倾、朱圉、鸟鼠,至于太华,熊耳、外方",此沿渭南、洛南之山也,则详。曰"桐柏,至于陪尾",又略。导水于四渎之外,记者曰弱,曰黑,曰济,曰洛,曰渭。黑、弱之记为神话,别有说,此不具论。洛、渭、济外,北之汾,南之湘,此类较大之水尚多,皆不之记,知渭、洛、济三水于古文化所系特重,渭、洛、济一线之小山小水亦详记之。于导渭曰:"东会于沣,又东会于泾,又东过漆、沮。"于导洛曰:"东北会于涧、瀍,又东会于伊。"曰:"导沇水,东流为济,入于河,溢为荥,东出于陶丘北,又东至于菏,又东北会于汶,又东北入于海。"又于雍州曰:"泾属渭汭,漆、沮既从,沣水攸同。"于豫州曰:"伊、洛、瀍、涧。"于兖州曰:"灉、沮会同。"于青州曰:"潍、淄其道。"夫泾、沣、涧、瀍、灉、沮之为水,与岍、岐、大伾之为山,其细已甚,而记之特详,岂非以人文所萃而述之至悉乎!《封禅书》言:"天下名山八,而三在蛮夷中,五在中国,华山、首山、太室、泰山、东莱。"此五山自西而东,正沿渭水、南河、济水一线也。其雍、冀、兖三州,皆详于南而略于北,其豫、徐、青三州,皆详于北而略于南,皆以去文化线较远,人迹少而记亦渐略也。梁独详于西北,徐亦详于西北,则以其皆南下之交通线。淮、汉、东河、西河皆略,长江则谬误漏略最甚,非以人迹最稀,不能明确知其山泽而然耶!

二　周代之开拓

《周书·职方》一篇,大同于《周官》所载,由《周书》篇序言之,《职方》盖穆王时书也。以《职方》校《禹贡》,则于汉族开拓之情可见,盖大河之北益辟而北,大河之南益辟而南。《禹贡》于豫州曰:"伊、洛、瀍、涧,荥、波既猪,导菏泽,被孟诸。"而《职方》于豫州则"其薮泽曰圃田,其川荥、洛,其浸波、溠",于荆州又曰"其浸颍、湛"。《禹贡》惟知荥泽,故曰"泆为荥",曰"荥、波既猪",而下流未之知。《穆天子传》云"浮于荥水",而《职方》称"荥川",则荥泽东南流,《水经》所谓黄水者,其下流即黄沟也,《职方》已知之。此非大河之南所知日远乎？波即潩水,入汝者也。溠即溠水,入汉者也。湛入汝、颍入淮者也。《禹贡》不记,而《职方》言之,非日辟而南乎？《禹贡》于兖州曰"潍、淄其道",《职方》于兖州曰"其浸卢、潍",于幽州曰"其浸

淄、时",卢即九台水,入潍者也,时水入淄者也。《禹贡》
言潍、淄,徒记下流近济之水,《职方》记卢、时,则穷及潍、
淄上流来会之水。此非济域之南所知益远乎?"其薮泽
曰貕养",在今莱阳东五十里,《禹贡》东仅及潍,《职方》更
及潍东之貕养。《职方》于冀州曰"其浸汾、潞",于并州曰
"其薮泽曰昭余祁,其川呼池、呕夷,其浸涞、易"。涞即巨
马河,呕夷即滱水入易者也。皆非《禹贡》所记,则大河以
北又拓地益北,而及于汾、潞、呼池。《职方》于青州曰"其
浸沂、沭",于雍州曰"其泽弦蒲",于幽州曰"其山镇曰医
无闾",于冀州曰"其薮泽曰阳纡"。此皆《禹贡》所不记,
而于《职方》为名山泽,正黄河南北至周而辟益遥也。《禹
贡》于荆州曰"沱、潜既道",于梁州又曰"沱、潜既道",郑
玄云:"水出江为沱,汉为潜。"盖《禹贡》实不知梁东荆西
之地道,以梁之沱、潜即荆之沱、潜,潜之号西汉水者(即
嘉陵江)与沱江皆与荆州不涉,是梁东荆西无交通,人迹
所不常至。至曰"岷、嶓既艺,沱、潜既道,蔡、蒙旅平,和
夷底绩",皆在梁之西北,盖于梁州所知惟此而已。其曰
"华阳黑水惟梁州","黑水西河惟雍州","导黑水至于三
危,入于南海"。夫三危之水,安得至于南海,岂雍、梁之
西果以黑水为境乎?《禹贡》之妄也。其曰:"岷山之阳,
至于衡山,过九江,至于敷浅原。"疏已太甚,缪尤不可究
诘。曰:"嶓冢导漾,东流为汉……东为北江,入于海。"
"岷山导江,东别为沱……东为中江,入于海。"略犹可原,

至以衡系岷，以北江系汉，苟非人迹所不至，得有此大错之说耶？《水经》沿之，以北江为沔，此更泥古之过也。

三　南下水道交通

《禹贡》于兖州曰："浮于济、漯，达于河。"于青州曰："浮于汶，达于济。"于徐州曰："浮于淮、泗，达于荷（又作"菏"，下同）。"于扬州曰："沿于江、海，达于淮、泗。"九州贡道，皆资于水，而由青、兖入河，则以汶以济，由扬、徐入济，则以泗以荷。荷、泗者，诚由河济之东西交通线以南连江、淮之枢纽，又别为南北一交通线也。《禹贡》于豫州曰"导荷泽"，于导沇曰"又东至于荷"，于徐州曰"浮于淮、泗，达于荷"。荷非巨川，而记之者数，知其所系者重。许慎言："泗水受济水，东入淮。"班固《地理志》言："泗水东南至睢陵入淮。"（济阳郡乘氏下）又言："泗水至方与入沛。"（鲁国卞氏下）《水经·泗水注》："又南过方与县东，荷水来注之。"《水经》言："济水又东过湖陆县南，东入于泗水。"郦氏言："泗、济合流，故地记或言济入泗，泗亦言入济，互受通称，故（《地理志》）有（南梁水）入济之文。"《水经·济水注》：菏水上承济水于济阳县，与南济、北济、濮水合，入巨野泽，复东南径乘氏故城南，至湖陆入泗。此济、泗通沟，以荷为介，而有荷泽、巨野注之，以助其势。河、济为东西交通干线。由荷入泗，南达江淮，又别为南北一交通干线,而荷分济于陶。朱公至陶曰:"此天下之中,诸侯四通,货物所交易也。"陶为天下之中,正以当东西南北两交通线之会,是固商业之中枢。鲁仲连言:"富比陶、卫。"卫为黄河北上之处,陶为荷水南下之处,皆交通要道也。《韩非子》《战国策》皆屡并称陶卫,《史记·苏秦列传》言:"韩守成皋,顾据午道。"说者谓在魏之东、齐之西,《索隐》云:"盖亦未详其处。"郑玄云:"一纵一横,谓交道也。"此非济、泗交会之处莫属,正一纵一横,所谓午道也。孟子以"决汝、汉,排淮、泗而注之江"为禹功,在春秋"吴城邗沟",此正由江入淮之道。《国语》言:"吴阙为深沟通于商、鲁之间,北属之沂,西属之济。"则又由淮溯泗而北上。夫差正告于周曰:"遵汶伐博,篝笠相望于艾陵。"则所谓北属之沂者,《水经注》所谓"泗水南径鲁城西南,合沂水"是也,非谓出泰山盖县之大沂水也。《泗水注》:"沂水出鲁城东南尼丘山西北,又西经圖丘北,又西右注泗水。"夫差遵汶伐博,于《左氏》哀十一年曰:"公会吴子伐齐,五月,克博,至于赢,齐及吴师战于艾陵。"赢、博皆在今泰安,艾陵在今莱芜,知遵汶为自西而东。吴人既阙深沟以达鲁城之沂,亦即由泗入汶,而东至艾陵。由泗入汶,盖遵阐而北,《洙水注》:"洙水又西南径南平阳县,又南洸水注之。吕忱曰:洸水出东平,上承汶水于冈县西阐亭东。《尔雅》曰:汶别为阐。洸水西南流径盛乡城西,又南径泰山郡宁阳县故城西,又西南径泰山郡乘丘县故城东,又东南流注于洙水,又南至高平县南入于泗水。"则由淮、泗北上,入汶又一道也。

四 黄河南北沮洳地

《禹贡》言:"熊耳、外方、桐柏,至于陪尾。"今文《春秋》家说:"泗出陪尾。"《隋志》:"泗水县有陪尾山。"《禹贡》之人,以泗水之陪尾即桐柏之尽处,则于陪尾、桐柏间,原不了了。班固《地志》始言:"古文家以横尾山为陪尾。"则以江、汉合会处言之,此正为地理知识已臻明确之说。今文家守《禹贡》之旧义,以言地理则非,以言《禹贡》则是;古文家救《禹贡》之误,而别为新说,以言地理则是,以言《禹贡》则非:以桐柏之不可接于泗水,《禹贡》之人,固不知也。《禹贡》尚不知有荥川,况其他乎?《管子·霸形篇》言:"楚人攻宋、郑,烧焫熑焚郑地,要宋田,夹塞两川,使水不得东流,东山之西,水深灭垴,四百里而后可田也。"则宋地卑下,陪尾、桐柏之间,下至春秋,可灌者尚四百里而遥。《职方》曰"其浸波、溠","其浸颍、湛",于后为川者,《职方》尚为浸,则泗西、淮北、济南,于古固沮洳之区,宜《禹贡》之人不知其实而妄为之说。《禹贡》不知有荥川,而《职方》始知之,《博物志》载徐偃王通沟陈、蔡之间,舟行上国,以伐宗周,遂至河上。荥泽之水,前惟黄水东南流,后惟渠水南流,得至陈、蔡,谅此为偃王之通沟,于穆王方有事于徐,周、徐往来之道,即此一水。《穆天子传》所谓"浮于荥水"者,即此黄水,正《职方》之荥川。此道殆至《职方》时代始通,为《禹贡》时代所未至,则于江、淮北上入济,菏、泗而外,又一道也。盖此沮洳之区之沉积为平原,历《禹贡》时期而《职方》而春秋,乃渐次长成也。《尔雅·释水》言:"水自河出为灉,济为濋,汉为潜,淮为浒,江为沱,敠为洵,颍为沙,汝为濆。"其记淮北之水,益更明确,则由《职方》而战国,淮北、泗西、济南乃益开拓,故所知乃益详也。淮北泗上之开拓,盖已甚晚。其在漯、济之北,兖州之域,北至于燕,广漠之区,未尝有封国,盖亦以九河下流,地卑水盛,居民亦寡。《禹贡》于兖州曰:"作十有三载,乃同。"而后"降丘宅土"。正以九河下游地卑水盛,不易治也。兖州田中下而赋下下,正以田虽善而民未众也。《汉书·沟洫志》平陵关并言:"河决率常于平原、东郡左右,其地形下而土疏恶,闻禹治河时,本空其地,以为水猥盛则放溢,少稍自索。"是漯川之北、大河之东,亦以地卑水盛,先未开拓。《尔雅》详列九河之名,曰徒骇,曰太史,曰马颊,曰覆釜,曰胡苏,曰简,曰絜,曰钩盘,曰鬲津,然后九河之域详,则亦以晚而后开拓,故《禹贡》于兖北亦略无记述也。

五 黄河区之湖泽

漯以北至燕，济以南至淮，地既沮洳，其地则湖泽尤多，皆入后而渐埋，知古今陵谷之变亦剧矣。其见于《禹贡》者：曰大陆，孙星衍说在河北新河、宁晋二县界。或又别巨鹿（广阿泽）于大陆。曰雷夏，在山东濮州东南、曹州东北。曰大野，在曹州巨野，或又别巨野于大野。曰荥泽，在河南荥泽、河阴二县界。曰荷泽，在山东定陶县东。曰孟诸，在商丘县东，北接虞城县界。曰猪野，在甘肃镇番县北。其见于《职方》者：曰圃田，在河南中牟县。曰弦蒲，在凤翔陇州西。曰阳纡，洪亮吉说在华阴县。曰昭余祁，在山西介休县。曰貕养，在山东莱阳县。《尔雅》所记，又有焦护，在陕西三原县。至《职方》之淶、易、淄、时、沂、沭、渭、洛、汾、潞、卢、潍、波、溠，皆所谓浸也。前之所谓泽者，后多夷为平陆，而所谓浸者，后已为川流。他若黄泽、逢泽之类，其见战国以来百家之书者，尤不胜指数，入后多不可见也。《魏风》曰："彼汾沮洳。"《书》家言：祖乙徙耿，水泉泻卤，山川尝圮焉。《左氏传》成六年："晋人谋去故绛，诸大夫曰：必居郇瑕氏之地，沃饶而近盬。韩献子曰：郇瑕氏土薄水浅，于是乎有沉溺重腿之疾。"杜预曰："沉溺，湿疾。重腿，足肿。"则晋以高原之地尚泻卤沮洳。《左氏传》昭三年："景公欲更晏子之宅，曰：'子之宅洳溢,不可以居,请更诸爽垲者。'"《地理志》言:"太公之封齐,地负海,潟卤,少五谷。"则齐亦潟卤之区。夫泰山之东,太行之西,今皆高爽之区,而古固如此,九河、淮、泗之域,亦更可知也。

《史记》苏秦曰:"齐南有泰山,西有清河。"又曰:赵"南有河漳,东有清河"。又燕王曰:"齐有清济、浊河,可以为固。"此即《沟洫志》所谓"齐与赵、魏以河为境,作堤去河二十五里"者也。《班志》之河即《国策》之清河。胡朏明诸氏不知清河即大河之正流,而以《水经注》之白沟亦曰清河者当之。白沟始于曹武所开,安得即战国之清河,至杨惺吾氏犹循此误。夫齐、魏相接在上游而曰浊河,齐、赵相接在下游而曰清河。济出于河,河浊而济清,齐、魏上游之河浊,而齐、赵下游之河清,宁非异事?此无他,济出河,洗为荥,经荥泽之沉淀,而浊河为清济。河北行至大陆,经大陆之沉淀而浊河为清河。今之长江,以沿江湖泽之多,而水有所调节,故不为害。古者沿河、济湖泽凡十数,浊河且变而为清济、为清河,更何水之足为患乎?《沟洫志》言:"禹以为河所从来者高,水湍悍难以行平地,数为败,乃酾二渠,以引其河,北载之高地,播为九河,入于渤海。"所谓二渠者,济川、漯川是也。所谓引其河北载之高地者,王璜称"禹之行河水本从西山下东北去,乘高地而东北入海"是也。河至大伾,折而北行,沿太行山麓以入于海,所经自为高地。河行高地,则水缓不为害,又可因低地潴为泽、导为渠,则水益分而益缓,上流浊而下流且为清,此古时黄河南北支渠湖泽之所由多于今欤？古之治河利水缓,而后之治河利水急,由贾让言之,古以造湖为上策,引渠中而作堤下,后则惟知作堤一策耳。古之作堤,去河二十五里,南北之堤,相去五十里而遥,今则迫河为堤,黄河之于中国,古今利害不一,正由治河之术古今全相反耶？束水攻沙之说,倡于潘季驯。正以河、济线之湖泽,至明而湮塞略尽。湖泽亡而治水以殊,为一定不移之理,亦势之使然,惜未有晓然于古造湖之义耳。

六　古代北方之生物与气候

《禹贡》于冀州曰:"岛夷皮服。"知北地之寒;于扬州曰:"岛夷卉服。"知南地之燠。泰山之麓,徐、兖之境,服枲丝,宜桑麻,正以气候温和适中,知古时黄河流域之情形,大同于今日长江流域也。凡孟子所谓"污池沛泽多而禽兽至","草木畅茂,禽兽繁殖","驱龙蛇而放之菹,驱虎豹犀象而远之",皆非今日北方之情势所宜然。《禹贡》曰:"荆河惟豫州。"豫,大象也,岂豫州古亦产象,故以大象名耶?《吕氏春秋·古乐篇》云:"商人服象,为虐于东夷,周公遂以师逐之,至于江南。"是象固尝生活于黄河中下游也。《小雅》曰"如竹苞矣",《卫风》曰"籊籊竹竿",又曰"绿竹猗猗"，斯皆古代北方产竹之证。《东观汉记》言："郭伋为并州牧，行部到西河美稷，有儿童数百，各骑竹马，于道次迎拜。"刘子玄曰："晋阳无竹，古今共知，假有传檄他方，盖亦事同大夏，况在童孺，弥复难求，群戏而乘，如何克办。"由子玄之诋《汉记》，可知晋阳汉多竹而唐无竹也。唐时晋阳童子寺有竹，日报平安，知于时晋阳植竹之难。在汉则不然，《沟洫志》言：瓠子之决，"是时东郡烧草，以故薪柴少，而下淇园之竹以为楗"。《后汉书》言："寇恂为河内太守，伐淇园之竹为矢百余万。"是彼时北土之竹，多且贱也。《水经·淇水注》言："寇恂伐竹淇川，治矢百余万。今通望淇川，无复此物。"斯盖至魏而绝。《货殖列传》言："渭川千亩竹，其人与千户侯等。"《地理志》言："秦地鄠杜竹林，南山檀柘，号为陆海。"其在周季，襄之十八年，"晋帅诸侯之师围齐，焚申池之竹木"。文之十八年，"懿公游于申池，邴歜弑公，纳诸竹中"。乐毅之报燕惠王书曰："蓟丘之植，植于汶篁。"篁，竹田也。今则竹已为北地所罕见，此古今之变也。古者乐以箫管笙竽，记则以篇策简籍，卧则以簟簀簾篨，食则以簠簋筑箪，盛则以筐筥筥筲箅笈，行则以簦笠，居则以篷笲，饰以笄簪，数以算筹，渔以筌笱，书以篆籀，扬以箕，约以符，戒以笞，乘以箯，扇以篓，射以箭，竹固古者北地所盛产，故日常器用恒得资之。《唐风》曰："不能蓺稻粱。"《豳风》曰："十月获稻。"《小雅》曰："滮池北流，浸彼稻田。"郑玄曰："丰镐之间水北流。"由《职方》郑注以观,则幽、并、兖、豫皆宜稻。昭之五年《传》曰:"郿人藉稻。"《滑稽列传》:"西门豹发民凿十二渠,引河水灌民田,田皆溉。"《沟洫志》言:"史起为邺令,遂引漳水溉邺,以富魏之河内,民歌之曰:终古舄卤兮生稻粱。"《战国策》言:"东周欲为稻,西周不下水,东周患之,民皆种麦。"皆见古时北方产稻之盛,故曰"食乎稻,衣乎锦"。唐及北宋时称青、齐米价最贱,岂以山东产稻超于江淮欤!盖以川泽既多,水田亦广,而气候寒燠,自亦受其调节影响,固可知也。"我徂东山",而曰"零雨其濛";"信彼南山",而曰"益之以霡霂"。今者北方无此景象也。"零雨其濛",而曰"仓庚于飞";"益以霡霂",而曰"疆场有瓜"。其近于今日大江流域所谓霉雨时节者欤!《禹贡》于兖州曰:"厥贡漆丝。"卫文庐曹曰:"椅桐梓漆。"周公西归曰:"伊威在室。"漆与伊威,更非今日北方气候所能生存。《高士传》曰:"老子乘青牛畚车。"薛道衡《老子庙碑》称:"青牛已驾,紫气光浮。"知晋、隋之世北方仍有青牛。《尚书大传》言:泰山"触石而出云,肤寸不合,不终朝而雨于天下"。是其云蒸之盛而霖雨之猝也。则黄河流域,自水泽竭而气候古今之变亦剧,地利遂不复如往时也。

附:《图书集刊》第四期发表本章时之识语

　　中国文化之必发生于黄河流域,而齐鲁于古代文化为最高,几无异辞也。乃日本学者言长江地理环境优于黄河，不应文化发生反在河域。遂谓苗族为中国文化之创造者，及苗族为汉族所战败，汉族取其创造文化之地位而代之。说见梁漱溟《东西文化及其哲学》附录中。又德国学者作《中国经济史》，谓古代黄河改道常在下游，因谓中国古文化发达当在黄河上游，而非下游。说见陶希圣主编之《食货》半月刊。此两说者皆以不了然于中国古代地理之情形，而妄以今日地理情形论之，是为巨谬。岂知古代黄河流域，实优于长江流域，亦未尝有改道之祸。有之，为始于周定王五年，而改道之由，则以于时赤狄侵扰中原，灭邢、卫而有其地，决河泛滥迫使改道，遂又东侵齐地而有之，河之改道自此始。其决处为宿胥口，其时其地掌握于赤狄之手，故知河徙之祸乃赤狄之为。此与今日河决中牟，其事无异。详见《史学季刊》二期，拙著《黄河首次改道与种族之祸》，孰谓古河泛滥不足以启文化耶！至黄河流域气候一切之变，为属于六朝时事，与长江流域古今之殊，当别作二篇论之，以质于大师硕儒，而黜东西学人不能多读中国书而好妄论中国史者之谬。

文通识

一九四二年十二月

第三章　古长江中下游之水道与交通

一　古期思水

长江在古虽为巨流,而无益于交通,其文化落后,殆以此故。考之春秋,吴楚之战,楚之陵师(陆军)自淮而不自江,舟师(水军)亦自淮而不自江。惟吴亦然。《左氏》昭之二十四年:"楚子为舟师以略吴疆,越大夫胥犴劳王于豫章之汭,越公子仓归王乘舟,仓及寿梦,帅师从王,王及圉阳而还,吴人踵楚,而边人不备,遂灭巢及钟离而还。"二十七年:"吴子帅师围潜,楚师救潜,令尹子常以舟师及于沙汭。"三国水道交通,此为最明。《淮南子》言:"孙叔敖决期思之水。"王应麟言:"安丰有芍陂,即孙叔敖所作期思陂。"《魏志》:"建安十四年,引水军自敦入淮,出肥水,开芍陂屯田。"顾祖禹言:"盖自芍陂下施水,则至合肥也。肥水出鸡鸣山,分为二流:其一东南流而入巢湖,其一东北流入于淮。"《尔雅》:"归异出同曰肥。"此正古时由淮入江之道。楚正有事于吴、越,而孙叔敖决期思之水,以通楚之舟师。《汉书·地理志》九江郡合肥:应劭曰:"夏水出父城东南,至此与淮合,故曰合肥。"则夏汭亦自应于合肥求之。昭四年:"吴伐楚,楚沈尹射奔命于夏汭。"五年:"楚子伐吴,蔇射以繁阳之师会于夏汭。"是其证也。旧解以为江夏之夏口,夫繁阳于今为新蔡,安有兵向东出,而反西会江夏者耶? 楚陵师则自繁阳,舟师则下期思,皆自淮以争江,故楚子以舟师略吴疆,及围阳而还。围阳今为巢县,以楚舟师之在巢,吴人踵楚之还而灭巢及钟离,钟离在淮,明楚子之来自淮而及围阳,吴从之亦自江及巢而入于淮,其由芍陂、施水、肥水一道,以通于江明也。子常以舟师及于沙汭,此楚舟师之在淮,而吴之伐楚亦舍舟于淮,期思一水,正吴、楚往来之冲要。夫差之告周曰:"余沿江溯淮,战于柏举。"明吴、楚之争,皆舍江而由淮。由淮入江,邗沟为一道,芍陂又一道也。吴、楚交通,以有芍陂之道,故子庚败吴师于庸浦,在无为。舒鸠人叛楚,楚师于荒浦,在舒城之黄陂。子木伐舒鸠及离城,亦在舒城。吴败蔇疆于鹊岸,在舒城。楚观兵于坻箕之山,在巢县。以邗沟之道,故子囊师于棠以伐吴,在六合。使屈申围朱方,在丹徒。而芍陂一道,战伐频繁。顾栋高以为楚居长江上游,而吴居下游,吴、楚之战,楚由江而东,吴由淮而西,此诚考之未审。至以越归楚乘舟在鄱阳湖,更不足议也。

二 古邗沟

《墨子》言:"禹治天下,南为江、汉、淮、汝,东流注之五湖。"《孟子》言禹"决汝、汉,排淮、泗,而注之江"。淮之决江通湖,原为禹迹。《左氏》哀九年:"吴城邗,沟通江、淮。"《水经》言:淮水"又东过淮阴县北,中渎水出白马湖,东北注之"。《郦注》言:"中渎水首受江于广陵郡之江都县。昔吴将伐齐,北霸中国,自广陵城东南筑邗城,城下掘深沟,谓之韩江。自江东北通射阳湖,《地理志》所谓渠水也。西北至末口入淮。……中渎水自广陵北出武广湖东、陆阳湖西,水出其间,下注樊梁湖。旧道东北出至博芝、射阳二湖。西北出夹邪,乃至山阳矣。永和中患湖道多风,因穿樊梁湖北口,下注津湖。……自广陵出山阳白马湖,径山阳城西,即射阳县之故城也。中渎水又东,谓之山阳浦。又东入淮,谓之山阳口者也。"此中渎水有新旧二道也。《汉志》江都县有"渠水,首受江,北至射阳湖"。杜预言:"于邗江筑城穿沟,东北通射阳湖,西北至末口入淮。"此就旧道言之也。《水经》郦注则自新道言之。程大昌言:"邗沟南赴江,北通射阳,至末口入淮者,吴故渠也。隋开皇七年,于扬州开山阳渎,以通漕运,比射阳末口则为西也。"分疏最明。隋之所开,即永和之中溃。吴之所凿,乃《汉志》之渠水也。刘文淇《扬州水道记》云:"中渎水既注樊梁湖后,乃分二道。旧道由博芝至射阳为东道,改道由津湖至白马为西道。"刘说最后,视先哲为精也。樊梁湖在高邮西北五十里,博芝湖在宝应东南九十里,射阳湖在宝应东六十里,此吴沟旧道之所经。津湖在宝应南六十里,改道由此始也。

三 古中江

《论衡·书虚篇》言:"有丹徒大江,有钱塘浙江,有吴通陵江。"焦循释《禹贡》言:"岷江至江都,势趋东北,而自江都入海,则曲而东南。故《班志》于毗陵明江之在北。南江至余姚入海,势趋东南,而经震泽折而行御儿、由拳之间,故于吴明江之在南。惟其曲,故广陵曰曲江,惟其折,故钱塘曰折江,中江由阳羡入海,直从阳羡东趋于海也。"段玉裁言:"今芜湖东接太平湖南之黄池河,又东接溧水县之丹阳、固城、石臼诸湖。未筑东坝以前,诸湖汇长荡湖而入太湖。"此正古中江之道。宋傅寅《禹贡集解》云:"班氏所指中江,今芜湖断港也(今芜湖县河)。自宜兴县航太湖,径溧阳,至邓步,凡两日水路。自邓步登岸,小市名东坝,自东坝陆行十八里至银林复行水路,系大江支港,行百余里,至芜湖界,即入大江也。班氏所说中江,古盖有之。"苏轼言:"溧阳之西有五堰,古所以节宣、歙、金陵、九阳江之众水，直趋太平州芜湖。后之商人，贩卖簰木东入二浙，以五堰为阻，因给官中废去五堰，则宣、歙、金陵、九阳江之水，或遇暴涨，皆入宜兴之荆溪而入震泽。"所谓五堰者，即景福三年杨行密将台濛作五堰，施轻船运粮者也。单谔言："修台濛五堰，苏、常之水，十可去其七八。"则中江之塞，以苏、常农田故也。《宋史·河渠志》云，宣和七年诏："开浚江东古河，自芜湖由宣溪、溧水至镇江，渡扬子，趋淮汴，免六百里江行之险。"明韩邦宪言："太祖初都金陵，以苏浙粮道自东南入，可避江险，浚胥溪为运河，又凿溧水县胭脂冈，引丹阳诸湖之水，会秦淮入江，于苏浙运道直达金陵，永乐初运道废，改筑土坝。"则中江之塞而复启，以苏浙粮运故也。由今按之，即溧水胥河也。此宋明以来中江时启时塞之故。宋明之世，尚避大江之险，舍北江而由中江，则两汉以上，中江、南江为交通要道固宜。自巢湖出裕溪入江处，正中江自芜湖分流处，水道固历历可指。《越语》言："句践之地，南至于句无，北至于御儿，西至于鄞，东至于姑蔑。"范蠡言："与我争三江五湖之利者，非吴耶?"惟越境北至于御儿，于今为嘉兴，正南江出太湖下趋钱塘之道。则越人自南江历太湖，入中江，以通巢湖、围阳，归楚乘舟，正此道也。吴越与楚交通，以有中江之道，故子重伐吴，克鸠兹，在芜湖。至于衡山，在溧水。子西、子期伐吴及桐汭，在丹阳湖。彼时交通，以有邗沟之道而吴楚争徐，以有中江之道而吴楚争越,以有期思之道而吴楚争舒。故于时之地理情势有以致之耳。《班志》于中江云:"至阳羡入海。"《文选注》引《水经注》:"中江东南左会滆湖。"滆湖在常州西南,正汉阳羡地,而班云于此入海。阮元解之曰:"广陵国江都以东,有临淮郡之海陵,志云有江海会祠,言江至此而会海也。会稽郡吴、毗陵、无锡、阳羡、丹徒、娄,为今镇江、常州、苏州地,娄在今昆山,而太仓、松江、海门及江北之通州皆不置县。然则太湖以东至海,犹荒斥为海潮所往来,故叙北江止毗陵,叙中江止阳羡。"则于中江至阳羡入海之文,又可以推知太湖以东在汉以上之情形也。

郭景纯言:"三江者,岷江、松江、浙江也。"岷谓北江,浙谓南江,则松江者正中江下流入海之道也。顾景范云:"松江一名笠泽江,一名松陵江,自太湖分流出吴江县城东南之长桥,东北流合庞山湖,又东注唐浦,折而东南流,为舟直浦,又东南流历淀湖,合五浦,而又东南流,与黄浦江合,又迤逦至吴松口入于海。"又云:"禹迹存于今者,此一江而已。"此顾氏释古中江入海之道。《史记正义》云:"苏州东南三十里名三江口:一江西南上七十里至太湖,名曰松江,即古笠泽江;一江东南七十里至白蚬湖,曰东江;一江东北下入海,曰娄江。于其分处曰三江口。"《吴越春秋》言"范蠡去越,乘舟出三江之口、入五湖之中"者即此也。哀十七年,越伐吴,吴子御之笠泽,即此古中江。《国语》言"吴军江北,越军江南。"即松江也。顾观光曰:

"庞山湖在苏州城南二十里,淀湖亦曰薛淀湖,在昆山县东南八十里,五浦有赵屯、大盈、顾会、菘子、盘龙五大浦,松江迄青浦县北,五浦并注之。又东迄上海县北,黄浦自东来注之。"中江出太湖以入于海,经地固历历也。知《论衡》言通陵江者,松陵之误文也。

四 古分江

荆楚之地,本为湖成平原,古之情势,大异于今,正以薮泽尚未沉积为平陆,繁川亦未会合为巨流,无深确之水道,既无舟楫之利,而车马亦不易通,此古人所以舍江而不由耶?《周本纪》言:"昭王南巡狩不返,卒于江上。"《吕氏春秋·音初》言:"梁败,王拯(殒)于汉。"则西周之世,西涉江汉,固舍舟而由梁。《文选注》引《竹书纪年》:"穆王三十七年伐越,大起九师,东至于九江,叱鼋鼍以为梁。"则东涉九江于西周之世,亦舍舟而由梁。庄之四年:"楚伐随,除道梁溠,营军随临。"此"溠"正《职方》所谓"其浸波溠"者也。川则济之,浸则梁之,昭王之梁汉,穆王之梁九江,正以其在上世之为浸而非川,此所以终春秋战国而不闻有浮大江者也。浮江之事,殆始于秦皇、汉武。《始皇本纪》言:"三十七年,始皇出游,行至云梦,望祀虞舜于九疑山。浮江下,观籍柯,渡海渚,过丹阳,至钱唐,临浙江,水波恶,乃西百二十里从狭中渡。"说者谓狭中盖在余杭。籍柯、海渚,《正义》言《括地志》云:"舒州周安县东,按舒在江中。"说者谓即贵池分江处。其过丹阳,《括地志》:"丹阳在江宁县东南。"则已入中江。《汉书·地理志》于丹阳郡石城下云:"分江水,首受江,至余姚入海。"《水经》于沔水(即江水)云:"又东过牛渚县南,又东至石城县,分为二。"王先谦言:"分江水,首受江,当自今李阳河而分,在贵池西六十里。又西五里曰新河,自河口出江中,有石槎枒横突,为攔江、罗刹二矶,南唐役三十万夫作支流以避其险。"《宋史·河渠志》宣和六年卢宗元言:"池州大江东岸皆暗石,多至二十余处,西岸沙洲广二百余里,谚云折船湾。今东岸有车轴河口,沙地四百余里,若开通入杜坞,可避二百里风涛折船之险。"杜坞在贵口下游,故贵池水一名杜坞河,是沙地通河,古今不易。今新河、车轴河遗址湮废,李阳河之名尚存,窃意江岸洲渚连绵,今自李阳以下,入古夹洲、乌落洲、裕生洲,泥洲相属为一,其下即下池口,又下为铁板诸洲,及铜陵之荷叶洲、老洲头、复兴洲、杨陵洲,东屈而入丁家洲,至泾县,皆即分江中流。其外洲岸连属,自为一水,时代阅久,洲岸流移,而分江水道半合于大江。分江水自石城来,合大通河水,又出章家洲、丁家洲之间,又东径紫沙洲,又东屈径新洲右,入繁昌县境。合荻港水,又东北径黑沙洲,入芦席夹径虎槛洲,出三山右,入芜湖县境,又东入鲁港为南江。南江水入鲁港,东南流左与天成河通,又东南与五丈湖通,又与泾水合,又合幕溪水、瑟溪水入清弋江。《沔水注》云:"南江又南径安吴县,号曰安吴溪,又东旋溪水注之。桑钦曰:淮水出(陵阳)县东南,北入大江,其水北流。左合旋溪,同注南江。"王氏谓:"淮水即东溪水,桑钦言入大江,大江即南江,合旋溪者,自五丈湖东流出注青弋也。道元以为注南江,则青弋为南江故道明甚。"则秦皇所浮,即分江水也。《史记·封禅书》载:汉武帝"巡南郡至江陵,而东登礼灊之天柱山,浮江至寻阳,出枞阳,过彭蠡"。倪文蔚言:"汉寻阳在江北,枞阳在安庆东境,北去巢湖仅百里。自寻阳出枞阳,则北岸必有分江,如今武穴之内河,可至安庆。岂既出枞阳,复上溯五六百里而过彭蠡耶?则彭蠡为巢湖而非鄱湖。"是汉自寻阳经安庆而至巢湖,又别有分江可知。此盖古之北分江。浮江自秦皇、汉武始,而一浮南之分江,一浮北之分江。意者古时大江江面最广,故明之大江,南北两岸多四十里而遥。明之金山在江中,后已在江南岸。始则两岸各有沙洲,久之洲与洲相接而成分江,分江渐塞,则潴为内湖,再湮遂为平陆也。秦汉浮江,皆分江而非正流,则古代大江无交通,又可决也。

五　古南江

《禹贡》言:"三江既入。"而惟于导漾曰:"东为北江。"

于导江曰:"东为中江。"则三江之条不具。《班志》备言北江、中江、南江,此即《禹贡》之义必有南江可知。而《禹贡》无南江者,《班志》言:"分江水,首受江,东至余姚入海。"许慎言:"江水至会稽山阴为浙江。"南江之流独远。知古者以嶅无闾为东,会稽为东南,而泰山为中(《尔雅》说),实沿海岸而南北分布,故于东南知有南江之水道。此三江之名,起自古昔,而《禹贡》沿之。然《禹贡》地望,东不至嶅无闾,东南不至会稽,但专详于黄河两岸,以离海而就陆,故于会稽、南江,皆不能明。至秦汉拓远,而南江之坠迹乃复明也。王先谦依《水经注》脉南江水道言之历历。然《班志》既言石城为分江水,而以南江在吴南,则不得以分江水为南江,道元所谓鄣县安吉一道,存而不论可也。似古分江水至芜湖已与中江通流,故秦皇得过丹阳也。《沔水注》又云:"南江东注于具区,谓之五湖口。……一江东南行七十里入小湖,为次溪,自湖东南出为谷水。谷水出吴小湖径由拳县故城下,又东南径嘉兴县城西。"阮元云:"由太湖至嘉兴,乃南江故道。"王先谦云:"南江至吴东南出,径泰兴、秀水、嘉善、桐乡、石门五县境,并汉由拳地,道元误以为谷水。"《浙江水注》云:"浙江自山阴东流径御儿乡,《国语》'句践之地,北至御儿'是也。韦昭云'今嘉兴御儿乡'。又东径柴辟南,《越绝书》称吴'故从由拳辟塞渡会稽,凑山阴'是也。"阮元云:"此可为南江即浙江之证,为南江由吴江、嘉兴、石门、钱塘通名浙江之证。"郦氏以来,说太湖以上分江为南江水道,而案之图籍,事有可疑。《班志》于丹阳郡石城下云:"分江水首受江,东至余姚入海。"于会稽郡吴下云:"南江在南,东入海。"在班氏分别言之,则南江明始于吴。《郦注》据《班志》之分江水以为南江上源,其说存而不论可也。顾观光考南江出湖一道,最为明确。其言曰:

> 自太湖分流东出,径吴县南,《汉志》所谓南江在吴南者也。与吴松江合流,折而西南径嘉兴府秀水县西,又西南经桐乡县,又西南经石门县西,又西南径杭州府仁和县东,而合于临平湖。《水经注》临平湖上通浦阳江,下通浙江,盖谓由临平湖至萧山县界,溯流而上则浦阳江,顺流而下则钱塘江也。又南浙江水从西南来注之。南江自太湖分流,皆西南行,过仁和乃折而东,故名浙江,因与渐江水合,而浙江亦得浙江之名,自唐筑捍海塘以御盐潮,而南江流绝,浙江之名,遂专属渐矣。

《沔水注》:"江南枝分,历乌程县南,通余杭县,则与浙江合。"阮元云:"此水不经吴之南,从长兴、安吉即注钱塘,殊于《班志》南江在吴之说,故道元以为枝分。盖谷水自嘉兴而北,以至太湖,南江也。下塘运道,由石门、嘉兴上溯吴江,盖古南江之正流。"范本礼《吴疆域水道图》说:

"汉乌程县在今县南,道元所谓江南枝分历乌程、余杭者,即东苕溪也。"王先谦言:"南江自由拳境西南流,径仁和县东北之塘栖镇东,又屈而东南流径临平镇北,自此南行,宋时之下塘运河,其故道也。""南宋时开运河,自萧山县治北,又东接钱清江,又东出至绍兴府城西,又自城西东南出,径会稽县界,东流入上虞县境,接曹娥江。又自上虞县西梁湖堰流至通明坝,入姚江。宋漕渠故道,即南江故道,柯水即曹娥,潘水即钱清,南江绝潘水、柯水而至余姚。"《沔水注》云:"浙江自临平湖南通浦阳江,又于余暨东合浦阳江,自秦望分派,东至余姚县又为江也,又东经黄桥下,又东经余姚县故城南,又东经穴湖塘,又东注于海。"顾观光说南江:"折而东经萧山县北,又东经绍兴府北,浦阳江水注之。《说文》所谓江水东至会稽山阴为浙江也。今会稽、山阴二县,并附绍兴府城。《纪要》:浦阳江至山阴县分为二枝,一西经萧山县东南,折而东北,经绍兴府西之钱清镇入海,名钱清江;一东流合剡溪,经绍兴府东之曹娥庙,又北径上虞县西,而西北入于海,名曹娥江。"又云:南江"又东经上虞县北,又东径余姚县北,而东入于海。绍兴以东,距海渐近,故近志直谓之海。然《汉志》明言分江水至余姚入海,则余姚以西,皆南江之委,而海必在余姚东矣。戴东原以余姚为余杭之误,失之。"阮氏以来,说太湖出吴县至钱塘为南江故道,而后《班志》南江之迹明,足以正郦氏说为谷水之误。至《班志》所谓分江水东至余姚入海者,自应为郦氏所谓之江枝分,以《班志》余姚为余杭之误殆以此故。倘《班志》以江枝分系之分江水耳。至郦氏说南江入海之道,则确为故道,与许慎义合。而郦氏之误以分江水说南江上流,既违《班志》,则不可从。顾氏斥东原之误则疏,而说南江入海之道则是也。惟昔中国土宇,东南至会稽山,故并南江而有三江之目,南江径会稽者也。《禹贡》不著会稽南江,而三江俄空焉。赖《班志》《许书》《郦注》,南江之源委以明,正所谓浙江者也。由今者地形之知识,益臻确实,明大江以南,地层走向为东西,而无南北行之山脉。中江一道,宋明犹通,故迹尚在,事至明确,而南江由广德至安吉一道,正不必强为之说也。

六　古江陵水道

江陵自春秋迄于清代为重镇,由今言之,固未易见其有如此之价值,此特古今之形势异耳。《禹贡》:"岷山导江,又东至于澧。"《水经·江水注》:"又南过江陵县南,县北有洲,号曰枚回洲,江水至此,两分而为南北江也。"《寰宇记》引《荆州图》曰:"百里洲,其上宽广,土沃人丰,洲首派别南为外江,北为内江。"详《禹贡》至澧之文,是南江乃为经流。《水经·澧水注》:"澧水入作唐县,左合涔水,水出天门郡界,南流径涔坪屯,又东南流注于澧水。澧水又东,淡水出焉。澧水又南,径故郡城东,东转径作唐县南(今安乡县),又东径安南县南(今华容县),又东与赤沙湖水会,又东至长沙下隽县西北,东注于洞庭,俗谓之澧江口。"《澧州志》言:"涔水为岷江别派,从公安入境为四水口,又东南流,过焦忻至汇口入澧。"胡渭言:"江陵县西南二十里有虎渡,南江从此东流,注于澧水,同入洞庭。"盖即所谓涔水也,谅《禹贡》以涔、澧南江为经流。《九歌》"望涔阳兮极浦",则涔已与江别,自战国而后,北流为江之经流也,然由涔澧以入洞庭,于后犹通,袁中道《澧游记》所谓"衣带细流",此由大江通湘之一道,而存于今者也。《晋书·杜预传》:"旧水道唯汉沔达江陵千数百里,北无通路,又巴丘湖,沅、湘之会,表里山川。预乃开扬口,起夏水,达江陵千余里,内泻长江之险,外通零桂之漕,南土歌之。"此事于《水经》《郦注》,皆不甚明。《沔水注》云:

沔水又东南与扬口合,水上承江陵县赤湖,江陵西北有纪南城,楚文徙此,平王城之,班固言楚之郢都也。城西南有赤坂冈,下有渎水,东北流入城,名子胥渎,盖吴师入郢所开也。又东北出城,西南注于龙陂,陂古天井水也,在灵溪东江堤内。陂水又径郢城南,东北流谓之扬水,又东北,路白湖水注之。扬水又东北,历天井北。扬水又东北流,东得赤湖水口,扬水又东,入华容县,有灵溪水,西通赤湖水口,已下多湖,周五十里,城下陂池,皆来会同;又有子胥渎,盖入郢所开也。水东入离湖,《国语》所谓"楚灵王阙为石郭陂,汉以象帝舜"者也。湖侧有章华台……言此渎,灵王立台之日,漕运所由也。其水北流,注于扬水。扬水又东北,与柞溪水合。扬水又北,径竟阳县西,又北,纳巾吐柘,柘水即下扬水也。扬水又北,注于沔,谓之扬口,中夏口也。

此于扬水入汉,经途显白,而扬水通江,则若明若昧,如谓赤冈下子胥渎,似即扬水通江处,而文不明。如谓:"路白湖春夏水盛,则南通大江,否则,南迄江堤。宋元嘉中通路白湖,下注扬水,以广漕运。"似通塞又不常也。惟《水经》于江水"南过江陵县南",《注》云:"江水又东径燕尾洲北,合灵溪水,水无泉源,上承散水,合成大溪,南流注江,江溪之会,有灵溪戍。"此灵溪殆即《沔水注》中"灵溪西通赤湖水口,城下陂池,皆来会同",故云"无泉源,上承散水"也。今大晖港,即古灵溪水,古灵溪水于灵溪戍入江,今大晖港东会路白湖,宜古东西两灵溪水源委相通也,前灵溪水北流注扬水,与《江水注》"南流注江",即一道而别言之耳。明汉自扬口达赤湖后,由灵溪于燕尾洲入江,而实楚灵王之所导,惟汉自扬口以达江陵,又于江陵以通澧口而入洞庭也。《沟洫志》言:"于楚西方,则通

渠汉川云梦之际。"《皇览》言:"孙叔敖激沮水,作云梦大
泽之池。"全祖望曰:"沮非沮漳之沮,即汉水也,汉一名
沮,见《地理志》。"全氏之意,以此沮水即自沔通江、扬水
一道,亦叔敖作之。王先谦以此沮水"不必遂非沮漳之
沮"。《班志》汉中郡"房陵,沮水所出,东至郢入江,行七
百里",又南郡"临沮,漳水所出,东至江陵入扬水,扬水入
沔,行六百里"。《水经》:"沮水过枝江县东南入于江。"
《注》曰:"注于江,谓之沮口。"《经》言:"漳水至枝江县北
乌扶邑入于沮。"段玉裁以沮即扬水,是为绝识,明扬水通
沮。则言漳入沮、入扬皆可也。扬入沔,亦通江,江陵西
浮沮漳,又一道也。《班志》:"华容,夏水首受江,东入沔,
行五百里。"《水经》:"夏水出江津于江陵县东南,又东过
华容县南,又东至江夏云杜县,入于沔。"自江陵东浮夏水
又一道也。并大江上下游言之,则江陵实为东西南北六
达之枢,此楚之所以都此,而江陵之所以为历史上之重镇
钦! 杜预于此开扬口,而通零桂,北控汉沔,要实沿春秋
时之旧迹,惜《郦注》不明扬水达江之迹,致江陵扼水道六
通之胜无由显也。

七 古云梦九江

胡渭言:"《汉志》'南郡华容县,云梦泽在南,荆州
薮','编县有云梦宫','江夏郡西陵县,有云梦宫'。华容

今监利、石首二县,监利在江北,石首在江南,编县今荆门洲,西陵今蕲州及黄冈、麻城。皆在江北。《水经·沔水注》云:'云杜县东北有云梦城。'云杜今京山县。又《夏水注》:'自州陵东界径于云杜、沌阳,为云梦之薮。'州陵今沔阳州,沌阳今汉阳县。《元和志》云:'云梦泽在安陆县南五十里,东南及云梦县界。'"以上诸州县界,皆在江北,由是言之,东抵蕲州,西抵枝江,京山以南,青草以北,皆为云梦。孙诒让曰:"全薮陆地,则直跨今湖北汉阳、黄州、安陆、德安、荆州五府境。"是江既出夔峡之湍悍,即入云梦之浩渺。故《子虚赋》云:"云梦方八九百里。"盖地跨大江南北,兼陵亘隰,浦溆纵横,此云梦为渔畋之区,碍于交通,未易远涉也。

九江之说,考之《班志》云:"庐江郡郭阳,《禹贡》九江在南,皆东合为大江。"张须《九江图》云:"一曰三里江,二曰五州江,三曰嘉靡江,四曰乌土江,五曰白个江,六曰白乌江,七曰个江,八曰沙堤江,九曰廉江,参差随水短长,或百里,或五十里,始于鄂陵,终于江口,会于桑落州。"王鸣盛云:"汉浔江在江北,今黄州府蕲州东浔水城,今桑落州在城东北五十里江中,鄂陵今黄州府武昌县。"然则云梦西起枝江,东尽蕲州,汇为巨浸。九江西起蕲州,东尽桑落。九江者,正云梦之尾泄也。此就南言之也。《水经·淮水注》云:"秦九江郡治寿春。"则秦汉九江北涉庐寿域又可知。焦循云:"今之桐城、庐江间,是故江水所至处。"王鸣盛以为："安丰故城在今霍山西,英山、麻城、罗田诸县,山势连延西南趋,江汉水东北迤行插入其境。"是王笃信班、郑汉至大别入江、大别在庐江安丰之说,以汉入江即在此一带也。斯云梦巨浸、九江繁川,颇有今大江以北之地。吴起言："昔者三苗之居,左有彭蠡之波,右有洞庭之水,文山在其南,而衡山在其北,恃此险也。"此之文山,即《国语》"桓公伐楚,济汝逾方城、望汶山"之汶山。故衡北而汶南,盖就北面言之。三苗恃险,正即云梦九江之间。《吴越春秋》言："太伯、仲雍采药衡山,遂之荆蛮。"而断发文身以避蛟龙之害,诚以犀象蛟龙之所居,不可以至。则长江于古代无裨于耕稼,无益于交通,正以云梦九江故也。

《左氏传》桓八年："楚及巴师围鄾。"庄十八年："巴人叛楚而伐那处。"春秋所见巴事,皆在楚北境,鄾为邓之南鄙,那处在安陆,是则巴楚交通,皆以陆道,而不由江。春秋之庸,国于郧阳,而庸之鱼邑在奉节县,是其地跨荆梁,而亦非依水道,则古夔巫一道,非有交通审矣。吴、楚、越三国之争,由淮而非由江,已于前节详之,则是长江上游下游并无交通,固可决耶!

八 江陵南海水道

严安、主父偃皆言："秦使尉屠睢将楼船之士以攻

越。"《淮南子·人间》云:"秦皇使尉屠睢,发卒五十万,为
五军:一军塞镡城之岭,一军守九嶷之塞,一军处番禺之
都,一军守南野之界,一军结余干之水。三年不解甲弛
弩,使监禄转饷,又以卒凿渠而通粮道,以与越人战。"
(《南康记》:"秦略定扬越,谪戍五方,南守五岭:第一塞上
岭,即大庾岭是。第二骑田岭,今桂阳郡腊岭是。第三都
庞岭,今江华郡永明岭是。第四甿渚岭,亦江华郡白芒岭
是。第五越城岭,零陵郡南临岭是。")屠睢楼船之士至番
禺,未言从何道,而监禄凿渠通粮,则非自海道明矣。于
《汉书·两粤传》:"吕嘉、建德等反,令粤人及江淮以南楼
船十万师讨之。元鼎五年秋,卫尉路博德为伏波将军,出
豫章下横浦。故归义、粤侯二人为戈船、下濑将军,出零
陵,或下漓水,或抵苍梧。"《武帝纪》云:"南越王相吕嘉
反,遣伏波将军路博德出桂阳,下濑将军下苍梧,皆将罪
人,江淮以南楼船十万人。"知江淮楼船之士下番禺而出
零陵,下漓水固一道也。《水经》言:"湘水出零陵始安县
阳海山。"《郦注》:"湘、漓同源,分为二水,南为漓水,北则
湘川,东北流。"《漓水注》:"漓水与湘水出一山而分源也。
湘、漓之间,陆地广百余步,谓之始安峤,峤水自峤之阳南
流注漓,故庾仲初之赋《扬都》云'判五岭而分流'者也。"
《汉书》所谓出零陵下漓水,则由江淮入湘,由湘达漓,正
所谓出零陵,此汉戈船将军所从道也。《御览》引《临桂图
经》云:"秦使御史监史禄自零陵凿渠,出零陵,下漓水。"

《桂海虞衡志》云:"漓水乃牂柯江下流,与湘水远不相谋,史禄始作灵渠,派湘流而注之漓,北水南合。"是湘、漓通波,始于监禄。汉戈船下漓水所从之道,即秦监禄所凿之道。顾景范言:"漓水上流,谓之灵渠,昔秦戍五岭,命史禄凿渠以通舟楫。汉灭南越,使归义越侯严为戈船将军,出零陵,下漓水。又东汉建武十七年,马援讨征侧,因史禄旧渠,开湘水六十里以通饷矣。"又言:"兴安县零渠,即导漓水处。亦谓之澪渠。《水经注》'湘水自零陵西南,谓之澪渠'是也。唐咸通五年,岭南用兵,诸道馈运,皆溯湘江入澪渠。《宋沟洫志》:'灵渠以引漓水,故秦史禄所凿。'"监禄馈粮,及汉楼船,皆由此道,则严安辈所云屠睢将楼船之士以攻越,谅亦由此,此江淮入粤之一道也。豫章、须水之间,不知亦有沟通否耶?不可详也,而澪渠道,固至今犹通。

九 古浮潜入渭水道

《禹贡》言:"浮于潜,逾于沔,入于渭,乱于河。"似由梁入冀,一水可通。而案之形势,川渠阻隔,绝不可能。然此固古今一大变也。《通典》言:"秦州上邽嶓冢山,西汉水所出,经嘉陵曰嘉陵江。汉中金牛县嶓冢山,《禹贡》导漾水,至此为汉水。"上邽在今秦州西南,金牛县在今宁强西北。杜佑说东、西汉水,源流各别,情与今符。而杜氏以前至《禹贡》，则皆说东、西汉为一源也。《魏书·地形志》："华阳郡嶓冢县有嶓冢山，汉水出焉。"《舆地纪胜》引《宋朝郡县志》云："今之言汉水以西，县之嶓冢为源，此即后魏之嶓冢县，隋更名西县者，非陇西之西县，今在秦州者也。"是以金牛之嶓冢为汉水之源，与西汉水异，自《魏书》始也。《班志》陇西郡氐道云："《禹贡》养水所出，至武都为汉。"武都郡武都云："东汉水受氐道水，一名沔，过江夏谓之夏水。"此以东汉水为氐道之养水也。《班志》陇西县云："《禹贡》嶓冢山，西汉水所出，至江州入江。"此《禹贡》所谓"嶓冢导漾，东流为汉"，东汉、西汉同源于陇西嶓冢之养水也。武都在今成县西北百里，今惟西汉水经之，与东汉无涉。则班氏虽著两汉同源之义，究不见同源之迹。郦注《水经》："沔水又东南径沮水戍，而东南流注汉曰沮口，所谓沔汉者也。东北流得献水口，庾仲雍云是水南至关城，合西汉水，又东北合沮口，同为汉水之源也。"《水经》云："漾水出陇西氐道县嶓冢山，东至武都沮县为汉水。"《郦注》云："陇西西县嶓冢山，西汉水所出。……又南入嘉陵道而为嘉陵水。……又东南于槃头郡南与浊水合，又西南径关城北，又西南径通谷，通谷水出东北通溪，上承漾水，西南流为西汉水。"庾仲雍曰："汉水自武遂川南入蔓葛谷，越野牛径至关城合西汉水。"通溪上承漾水，即献水口。关城即宁强西北之阳平关，西汉水于此与通谷水相会，此通谷水之西南流也。《沔水注》

所谓："嶓冢导漾,东流为汉,东北流得献水口,又东北合沮口。"沮口在勉(沔)县之青羊驿。谷水于献水口与漾水合,又东北至沮口与自东狼谷来之沮水合,此通谷水东北之所会也。然则东、西汉水,以通谷水之会合而通流,此一道也。诸言西汉水至葭萌入汉者,正以此也。《水经》所谓："漾水东南至白水、葭萌,又东南过阆中。又东过江州,东南入于江。"以漾之西会西汉言之也。《沔水注》言:"漾东北流得献水口,又东北合沮口。"此以漾为正源,东合沮水(沔水),西合嘉陵。

《水经·漾水注》云:"汉水东南于槃头郡南与浊水合,水出浊城北……东南两当水注之。水出陈仓县大散岭,西南流入故道川,谓之故道水。故道水南入广业郡界,与沮水枝津合,谓之两当溪。水上承武都沮县之沮水渎,西南流注于两当溪。又西南注于浊水。浊水南径槃头郡东,而南合凤溪水。又南注汉水。"今略阳西北百里即魏槃头郡。此所云汉水,为西汉水,郦氏于西汉水所谓"又东南于槃头城南与浊水合"者也。盖西汉水于槃头城南与浊水合,由浊水以上溯两当溪,由两当溪以上溯沮水枝津,而合于东狼谷之沮水。由沮水下沮口,则合于东汉水,此东、西两汉水以两当水之源委而通波,则又一道也。《三国志·邓艾传》:"艾解王经围于狄道,姜维退驻钟提。艾曰彼以船行,吾以陆军,劳逸不同。"胡三省言:"蜀船自涪戍白水,可以上沮水,由沮水入武都下辨。自此而西北,水路渐峻狭,小船犹可入也。魏军度陇而西,皆陆行。"下辨在成县,浊水所经。是浊水亦得沮名。两汉通流,三国时蜀犹以为运道也。《禹贡》所谓浮潜逾沔,故迹可寻。若陆澄之所云:"有水从沔阳县南至梓潼汉寿入大穴,暗通罡山。罡山穴小,本不容水。水成大泽,而流与汉合。"斯盖附会汉别名潜之训,而为大穴暗通诡异之说,兹无取焉。近者张其昀氏漫游西北,据其目睹所记,似嘉陵形势,以江水冲刷,故河道日深,水遂不得东流,东、西两汉渐以隔绝。司马彪、袁山松、常璩、吕忱并详汉有二源:东出氐道,西出西县嶓冢,知在晋仍为同源,入元魏而遂绝,则以通谷、两当为晋魏以前沟合之迹,事宜然也。

《汉书·沟洫志》:"其后有人上书,欲通褒斜道及漕,事下御史大夫张汤,汤问之。言抵蜀从故道,故道多阪回远,今穿褒斜道少阪,近四百里。而褒水通沔,斜水通渭,皆可以行船漕。漕从南阳上沔入褒,褒绝水至斜间百余里,以车转从斜下渭,如此,汉中谷可致,而山东从沔无限,便于抵柱之漕。上以为然,发数万人作褒斜道,道果便近,而水多湍石不可漕。"此逾沔入渭之道也。《班志》右扶风武功云:"斜水出衙领山,北至郿入渭。褒水亦出衙领,至南郑入沔。"《水经·沔水注》:"汉水又东合褒水,水西北出衙领山,东南径大石门,又东南径三交城,城在三水之会故也。一水北出长安。……褒水又东南历小石门,又东南历褒口,又南径褒县故城东,又南流入于汉。"

而《水经·桓水注》云："历汉川至南郑县属于褒水，溯褒暨于衙领之南溪水，枝灌于斜川，届于武功，而北达于渭水。"王先谦谓："褒水南历斜口，北出斜谷。"由褒通斜，即由沔入渭，而乱于河也。古梁州入冀之道，历历如此，著于故记，是乌可以今人目见疑之。自魏收而下，说两汉水无通波之迹。而常璩、郦氏以上至班固皆否，傥汉水东西流之以渐而绝，正魏齐间事也。

第四章 《水经注》违失举正

一 释济水经流

济列四渎,著自夏殷,而故渠久堙,说者昧忽。三伏三见,论更荒唐。《续汉·郡国志》云:"因王莽末旱,此渠枯涸,济水但入河而已,不复截河而南。"(今本作济水"王莽时大旱,遂枯绝",此从《通典·州郡》引。)杜佑因之,诋"《水经》云云,并今县地,一依《尚书·禹贡》旧道,斯不详之甚。道元又从而注之,其所纂序及注解,并大纰缪"。似济之旧迹已不可寻,说者皆妄矣。然杜预《春秋释例》既云:"济水自荥阳卷县东径陈留至济阴,北经高平、东平至济北,东北经济南至乐安、博昌入海。"杜氏言之历历,郭璞注《山海经》,亦与相同,岂为凿空,奚独于《水经》而疑之?孔颖达乃云:"水流之道,古今或殊,杜既考校元由,据当时所见,今一皆依杜,虽与《水经》乖异,不复根寻。"杜举郡名,《经》用县号,胡可便云乖异? 杜并东平、高平(郭注无东平)言之者,以荷水出济,亦得济名,兼此道言之耳。若云莽后即枯,言者皆安,岂思旱则川竭,旱过则复,事理之常,不足为异。班著《汉书》,于莽时为近,于河东郡垣下云:"《禹贡》王屋山在东北,沇水所出,东南至武德入河。轶出荥阳北地中,又东至琅槐入海。过郡九,行千八百四十里。"明东汉之世,济水仍通,郭、杜、桑、郦,诚非臆说也。

　　河北之沇,迁革可寻,而出河之济,则为难理。《经》言济惟一道,《郦注》则别南济、北济言之,一若经文荒忽,致于迷误者。《班志》之说最先,试稽其于沇有关之文,或可以决经流所在,以明桑、郦之得失。凡《志》言受沇、入沇,荥阳见狼汤渠,封丘见濮渠,定陶见荷泽,梁邹见如水,博昌见甾水,然以上五地,南北二济并经之,《桑经》《郦注》所云,于班无所不合。然班氏于河之别渎亦详言之,胡于济之分流独不言?《经》于济在乘氏下分为二则详,胡于荥泽间济分南北则略? 是《经》以济为一道,意与班符。郦言二道,必误以别水为济,而非班、桑之所谓济者。荥泽以下、巨野以上,此二济并行之处,并表列于下,经文一道庶可于此求之也。

济与河合流,东出过荥泽北。	
济水又东合荥渎,渎首受河水,有石门,而地形殊卑,盖故荥播所导。 济水又东径荥泽北,荥泽在荥阳城东南,与济隧合。济隧上承河水于卷县北河,南径卷县故城东,又南径衡雍城西。济水荥泽中北流至衡雍西,与出河之济会。斯盖荥播河济,往复径通矣。 出河之济,即阴沟之上源,济隧绝焉。	
北济也,自荥泽东径荥阳县之武修亭南。	济水自泽东出,王隐曰河决为荥,济水受焉。
济水又东径原武县故城南。	济水又东南径厘城东。
又东过阳武县北(原作北,戴改作南)。	
济渎又东径阳武县故城北,又东绝长城。	济水又东南流入阳武县,历长城东,南流,蒗荡渠出焉,济水又东北流。
济渎又东径酸枣县之乌巢泽。	南济也,径阳武县故城南。
又东过封丘县北。	
济渎又东径封丘县北,濮水出焉。	济水又东径封丘县南,又东径大梁城北,又东径仓垣城,又东径小黄县之故城北,又东径东昏县故城北。
济渎又东径大梁城之赤亭北。	
又东过平丘县南。	
北济也。	
又东过济阳县北。	
北济也,自武父城北,东径济阳故城北。	济水又东径济阳故城南,故武父城也。
又东过冤朐县南,又东过定陶县南。	
北济自济阳县北,东北径煮枣城南。	南济也,济渎自济阳城故城南,东径戎城北。济水又东北,荷水东出焉。

北济又东北径冤朐县故城北,又东北径吕都县故城北。	济水又东北径冤朐县故城南,济水又径秦相魏冉冢南。
又东北径定陶县故城北。	济水又东北径定陶恭王陵南,济水又东北径定陶县故城南。
又屈从县东北流。	
	南济也,又东北右合荷水。
又东至乘氏县西,分为二。	
又东北与濮水合,同入巨野。	济水自是东北流,出巨野泽。
其一水东南流,其一水从县东北流入巨野泽。	
南为荷水,北为济渎,径乘氏县与济渠、濮渠合。	

《经》脉济道,过荥泽北,过阳武县北,过封丘县北,过平丘县南,过济阳县北。郦言北济,并与之同。而南济则在以上诸地之南,则北济即《经》述之济,而南济非也。南济且不过平丘,显与《经》违。自济阳以下,《经》言济过冤朐县南,过定陶县南,又屈从县东北流,郦言南济与《桑经》合。而北济则在以上诸县之北,则济阳以下,南济为《经》述之济,而北济非也。是济之旧迹,此最分明。济阳以上,北济者济也,而南济不得为济。济阳以下,南济为济,而北济不得为济。奈何后贤皆囿于《注》文,不寻《经》旨。戴东原改《经》文"过阳武县北"为"县南",以就《注》文,则《经》说济流,漂忽不定。仅恃《经》文以求济迹者,自《经》为戴改,而诸家又从之,于是系大义于一线者,又

斩绝而无遗也。戴于《水经》，多窃赵氏，自近顷《永乐大典》原本复见，而赵、戴有定谳，惟此东潜固未妄改，而东原实首其祸也。

二 济南渠水阴沟诸水之乱

济分南北，《郦注》既非，而济之出河，道元亦误。《经》言："济水与河合流，又东过成皋县北，又东过荥阳县北，又东至砾溪南，东出过荥泽北。"而《注》言："昔禹塞淫水，而于荥阳下引河东南，以通淮、泗。济水分河东南流，乐浪人王景善能治水，与王吴始作浚仪渠，水乃不害，此即景、吴所修故渎也。渠流东注浚仪，故复谓之浚仪渠。垒石为门，以遏渠水，谓之石门。济水又东，砾石溪水注之。水出荥阳城西南李泽，东北流历敖山南，又东北径荥阳县北，注于济。世谓之砾石涧，即《经》所谓砾溪矣。《经》云济出其南，非也。"此《经》言济合河过荥阳县，又东至砾石溪南，东出乃分河。《注》言济即浚仪渠，于王景所修石门处分河，已不同也。《沟洫志》言："荥阳漕渠，足以下之。"如淳注曰："今砾溪口是也。"杨守敬意谓如说知砾溪为南流，道元砾石涧为北流入济，非也。是如淳之说，合于《经》意，而道元以砾石涧即砾溪口，不自知其误，而妄云《经》非也。《注》又言："济水又东径荥泽北。京相璠曰荥泽在荥阳县东南，与济隧合。济隧上承河水于卷县

北河，南径卷县故城东，又南径衡雍县西，《左传》'西济于
济隧'，京相璠曰郑地也。言济水荥泽中北流至衡雍西，
与出河之济会，斯盖荥播河济，往复径通矣。出河之济，
即阴沟之上源也，济隧绝焉。"此似别有京相璠所谓出河
之济，而道元非之，以为是阴沟之上源也。傥京说或同
《经》文，而道元为异。此固究济水旧迹所应考定，请详
论之。

　　河水分济，《经》《注》既违，于是凡涉济之水，桑、郦皆
异。《经》言："阴沟水出河南阳武县蒗蔼渠。"而《注》言：
"阴沟水首受大河于卷县，又东径蒙城北，故渎东分为二，
世谓之阴沟水。京相璠以为出河之济，又非所究。"此
《经》言阴沟于阳武始分渠水，而《注》于卷受河，固不同
也。殆道元夺京相璠所云出河之济以为阴沟之上源，于
是阴沟始于受河，非始于受渠也。《经》言："渠出荥阳北
河，东南过中牟县之北。"而《注》言："渠水自河与济乱流，
东径荥泽北，东南分济。"知《注》以石门为济始，而渠与济
乱流，历荥泽北，又东南而济、渠始分。则《经》以石门为
渠始，不谓渠、济先乱流而后分，于砾溪乃别为济始。此
道元误以渠水受河为济始，故与《经》违，而复以京相璠之
说为非也。京相璠所谓济，而道元谓之阴沟之上源。道
元说阴沟受河于卷县，而杜预、郭璞并云："济水自荥阳卷
县，东径陈留。"是京相璠与杜、郭之说同，而郦氏说济始
与前哲无不违也。《史记·河渠书》言："禹抑鸿水，诸夏

乂安,功施于三代。自是之后,荥阳下引河东南为鸿沟,以通郑、宋、陈、蔡、曹、卫,与济、汝、淮、泗会。"此禹功施于三代而后,又有鸿沟,引河于荥阳下。是史公之说本明,以鸿沟与济会,不谓鸿沟即济也。如道元之说,则鸿沟为分济,亦不得引河。道元取《河渠书》文之言鸿沟者以言济,是道元之误,校之《河渠书》而益显。《渠水注》言:"历中牟县之圃田泽北,《竹书纪年》梁惠成王十年,入河水于甫田,又为大沟而引甫水者也。"又云:"《竹书纪年》梁惠成王三十一年三月,为大沟于北郛,以行圃田之水。"大沟即鸿沟,鸿沟即渠水,知渠水分河自梁惠王,与史公言"后引河为鸿沟"合。鸿沟既梁惠王始开,安得《禹贡》"导沇"之济为石门水乎?道元之误,于兹明矣。《汉书·地理志》:荥阳有"狼汤渠,首受沛"。道元之说,殆从班氏。然衡以《竹书》,固知班误。梁惠以前,河水安得入甫田耶?

《经》言:"济水东至砾溪南,东出过荥泽北,又东过阳武县北,又东过封丘县北。"以阴沟水即出河之济言之,济之于砾溪南东出者,当即郦所谓阴沟上源处也。《注》言:"阴沟首受大河于卷县,故渎东南径卷县故城南,又东径蒙城北。故渎东分为二,世谓之阴沟水,俱东绝济隧。右渎东南径阳武城北,东南绝长城,径安亭北,又东北会左渎,又东南径封丘县,绝济渎。"此阴沟合济之道,即《经》所谓济过阳武、封丘县北之道。《经》言济道,《注》叙阴沟,无所违异。《注》言"东绝济隧",即《经》所谓"过荥泽北"。以"荥泽中北流至衡雍西,与出河之济会,即阴沟上源"之济也(《经》以石门为渠,而阴沟水出渠于阳武,《注》以石门为渠、济乱流)。《济水注》:"济水东南流入阳武县,历长城东南流,蒗蔼渠出焉。济水又东北流,南济也。"是郦说之南济,实渠水之经流。石门之水冒济名,与出河之济(阴沟)并行,而猥曰南济,则道元之讹也。阴沟于阳武分渠,渠者梁沟也。《渠水注》言:"秦始皇二十年,王贲断故渠,引水东南出,以灌大梁,谓之梁沟。"《阴沟水注》言:"梁沟既开,蒗蔼故渎实兼阴沟、浚仪之称。"是阴沟分渠之迹,固渠水之故道也。夫渠水始自梁惠成王,溯阴沟以至石门,斯其旧迹。惟蒗蔼为阴沟,道元固知之。是安得以京相璠所言出河之济,为阴沟之上源? 是渠水有二源也。阴沟之水,未必通济,而《注》言:"阴沟之水,又东南径封丘县,绝济渎,东南至大梁合蒗蔼渠。东南径大梁城北,左屈与梁沟合。"自封丘至大梁,而渠、济有通津。此一旧道,殆又先于石门之水,殆即徐偃王通沟陈、蔡之间,舟行上国,至于河上者耶? 由颍入沙,以合于济。世以此为阴沟水者当以此,而道元因之也。阴沟绝济渎于封丘,此古济渎也。《经》云:"汳水出阴沟于浚仪县北。"杜预言:"蒗然水出荥阳成皋县,东入汳。"则《经》言出阴沟者,即阴沟固古蒗然也。济水于砾溪下《注》言:"又东索水注之。水出京县西南,即古蒗然水也。索水径荥阳城东而北流注济水,济水又东径荥泽北,又南会于荥泽,济水自泽东出。王隐曰:河决为荥,济水受焉,故有济堤矣。为北济也。"是索水入济,南入荥泽,自泽东出,至阳武分渠为阴沟而汳水受焉。此古蒗荡水道也。梁惠成引河水入甫田,于砾溪下,渠水已夺蒗荡之道。卷县出河之济(阴沟上源)绝,自荥泽东径武修亭南,以合封丘古济,所谓北济上源者,实分渠会济之迹,而道元谓之北济也。殆梁惠成后,渠水与济有通津。此即班固言"荥阳有狼汤渠,首受沛"者,道元从王隐之说,以渠水自泽东出者为济(南济),则谓渠于阳武下分济,又与班氏违也。自泽东出之南济,当即古蒗荡水之经流。班以分渠会济者为济,王以蒗荡之道为济,然后道元因之有南济北济二道之说耶?汳、沙自浚仪而分,汳东注,沙南流。汳水于春秋有丹水之目,是固蒗荡之下流也。沙南流合于华水之道,殆偃王通沟上国之所启,以入济至河上者也。自魏人徙都大梁,引河东南,而北通济、濮,南绾汳、睢、涡、沙、汝、颍,以东汇于泗,南汇于淮,而集于彭城。晋国天下莫强焉,则作都于大梁;项羽既自立为西楚霸王,则作都于彭城。皆以为水道交通之枢纽也。《渠水注》言:"又有一渎,自酸枣受河,导自濮渎。历酸枣径阳武县南出,世谓十字之沟,而属于渠。或谓是渎为梁惠之年所开。"则濮、济诸川并属于是。自斯以往,大梁为天下雄镇。及于唐宋,犹有一汴二扬之目。逮元作运河,然后汴道渐废。白圭曰:"丹之治水愈于禹。"《韩非》言:"白圭相魏。"其作相当与孟子同时。梁惠之渠,殆皆白圭之所作。《韩非·喻老》:"白圭之行堤也,塞其穴,故无水难。"而孟子罪其"以邻国为壑,水逆行"。是魏都大梁,堤之渠之,旧迹顿改,济、濮、渠、汳,纷错杂出,其此之故欤!

以《经》案之,济阳以上,郦氏所谓之南济,自不得为济水,《注》以此为济之经流更非。但此道究为何水,亦可得而言。《注》言:

> 济水自泽东出,又东南径厘城东,济水右合黄水,水发源京县黄堆山,世谓之京水。黄水北径高阳亭东,又北至故市县,又东北径故市县故城南。黄水又东北自荥泽南,分为二水。一水北入荥泽下为船塘陂,东西四十里,南北二十里。竹书《穆天子传》"天子浮于荥水,乃奏广乐"是也。一水东北流,而黄雀沟矣。《穆天子传》曰"天子东至于雀梁"者也。又东北与靖水枝津合,二水之会为黄渊,北流注于济水(即上文径厘城东右合黄水)。济水又东北径阳武县故城南,东径房城北,《穆天子传》曰:"天子里圃田之路,东至于房。"疑即斯城也。济水又径封丘县南,又东径大梁城北,又东径小黄县之故城北。县有黄亭俯(从赵本)济,又谓之曰黄沟,县故阳武县之东黄乡也。

就此文一反察之，即自荥泽南出，历船塘，为《穆传》之荥水。又南与自京县来之黄水合而东北流，为《穆传》之雀梁，又东北为黄渊，又北流与自荥泽东出之南济合（旃然），又东北径阳武故城北，又东径房城北，为《穆传》"东至于房"。明自泽出船塘至房城，正《穆传》之荥水也。于《禹贡》"荥播既潴"，荥则泽也。于《周官·职方》"其川荥、雒"，荥则川也。明南济之道，实为荥川，自泽南出。而自泽东出径厘城合黄水者为旃然。《职方》于豫州曰："其川荥、雒，其浸颍、湛。"清儒已知播之为潘，即汳水也。然终古惟知有荥泽，而不能言有荥川。以《穆传》考《水经》之《注》，则知所谓南济上流者即荥川也。哀十三年，"公会晋侯及吴子盟于黄池"。杜预曰："封丘县南有黄亭，近济水。"则黄池即此之黄亭，杜言近济，殆谓北济。亦明杜不以黄亭所俯为济也。

《水经》之济水，自济阳以下，行于道元所谓之南济，入于巨野。《注》于此言："自济阳故城南，东径戎城北。济水又东北，荷水出焉。"《注》又言："荷水上承济水于济阳县东，又东径陶丘北。荷水又东北径定陶县南，又东北右合黄水枝渠。渠上承黄沟（即小黄县之黄亭南济至此曰黄沟），东北合荷，而北注济渎也。"此黄亭以下，黄水之名犹存，至定陶以下，乃合荷而入济。此与出京县之黄水，首尾一贯。自出荥泽至此，皆黄水也。然定陶东北，荷之所会为黄水枝渠。而黄之经流，要亦可考。《水经》：

泗水"又东过沛县东",《注》于此言:"黄水注之。黄水出小黄县黄乡黄沟,《国语》曰'吴子会诸侯于黄池'者也。黄水东径外黄故城南,薛瓒曰:'县有黄沟,故县氏焉。'又东北径定陶县南,又东径山阳郡成武县之楚丘亭北,黄沟又东径成武县故城南,黄沟又东北径郜城北,黄沟又东径平乐县故城南,又东右合泡水。时人谓之狂水,盖狂、黄声相近,俗传失实也。自下黄水又兼通称矣(兼泡水、丰水之称)。泡水又东径沛县故城南,东注泗(即《注》首黄水注泗)。即泡水也。"黄沟之名,此为最显。由京县至沛县,黄水经流之迹,比于汳承旅然,下灌获、泗。盖经行千里而遥,以当荥水巨川,名实不爽。郦说南济始流,其为误夺黄沟,殆又审也。

臣瓒云:"《国语》曰:'吴子掘沟于商鲁之间。'今陈留外黄有黄沟是也。北属之沂,西属之济,以会晋公午于黄池。"此吴之自黄沟以北达于中原。即《职方》之荥川,《穆传》之荥水。由春秋迄于战国,黄池之名著,而荥水之迹晦。于《班志》又谓之泡水矣。此荷、济之外,自河达江之又一道也。穆王灭徐,盖即由此荥水之道也。

三 济北濮水、瓠子诸水之乱

《班志》于陈留郡封丘云:"濮渠水首受泲,东北至都关入羊里水,过郡三,行六百三十里。"《郦注》于此不能合。《济水注》云："济水径定陶故城北，又东北与濮水合。水上承济水于封丘县。句渎首受濮水枝渠，入乘氏县，左会濮水，与济同入巨野。"郦述濮水自封丘，与班同。说濮入济，则与班入羊里水之文不符也。道元记瓠子河于都关为羊里水。《水经》说："瓠子河出东郡濮阳县北河，东至济阴句阳县为新沟，又东北过廪丘县为濮水，又东北过东郡范县为济渠。"《经》之所叙，《注》以为即羊里水之道。倪桑述瓠子，不叙濮水，以瓠子即濮水也。班述濮水，不叙瓠子，亦以瓠子即濮水也。班述濮水，故始封丘。桑叙瓠子，故始濮阳。然瓠子至济阳为新沟，过廪丘为濮水，则安有所谓瓠子者哉？仅河决瓠口，以入濮水，有极短之水程耳。许慎言："濮水出东郡濮阳，南入巨野。"应劭注《汉书》，于东郡濮阳下云："濮水南入巨野。"出濮阳者即瓠子，是许、应并以瓠子即濮水也。郦氏于瓠子、濮水两叙之，若不相谋。以濮至羊里之经流为枝津，反以濮于乘氏会济之枝津为经流，颠倒迷离，既违于班，亦背于《经》也。正三家之歧说而求一是，濮水之经流，幸有可寻。《济水注》言："濮水上承济水于封丘县，又东径匡城北，又东北左会别濮水，濮渠之侧有漆城，又有桂城。濮渠水又东径蒲城北，又东径韦城南，东绝驰道。东径长垣县故城北，濮渠又东分为二渎，北渎出焉。"北渎即濮之经流，而《瓠子河注》中道元目为濮水枝津者也。杜预云："濮水出酸枣。"此说濮与班、郦皆不同，即道元所谓于匡城东北左会别濮水者也。郦述别濮云："首受河,其故渎东北径南北二棣城间,又东径酸枣县故城南,又东径胙亭东注,又东北径燕城南,又东北与酸水故渎会。酸渎受河于酸枣县东,径城北延津南,谓之酸水。酸渎水又东北径燕城北,又东径滑台城南,又东南径瓦亭南,又东南会于濮。"此别濮水,而杜以为濮首,与许、应以瓠子为濮水,其失正同,而皆与班违也。郦于《瓠子河注》云:濮阳"县北十里即瓠河口也,河水旧东决,径濮阳县东北,又东径咸城南,又东径桃城南,又东南经清丘北。京相璠曰:在今东郡濮阳县东南三十里,又东径句阳县之小成阳。瓠子北有都关县故城,县有羊里亭,瓠子径其南,为羊里水。又东,右会濮水枝津。"瓠河至清丘,仍不出濮阳一县,水程之短若是。再至小成阳则曰新沟,遂合于濮水,则乌有所谓瓠子一河,其实与酸渎一耳。《水经》言:"河东北过黎阳县南。"《注》云:"白马济津之东南,有白马城。白马有韦乡韦城,故津亦有韦津之称。河水旧于白马县南泆,通濮、济、黄沟。故渠水断,尚谓之白马渎。故渎东径鹿鸣城南,又东北径白马县之凉城北,又南径濮阳县,散入濮水,所在决会,更相通注,以成往复也。"是河决入濮,一决于酸枣,再决于白马,三决于瓠子。河决酸枣,入别濮以会于濮;河决瓠子,入新沟以会于濮等耳。不可夺濮、济以为白马、酸枣故渎,又乌可夺濮、济以为瓠子之故渎?道元于此,为不知类也。道元所谓濮水枝津,即《济水注》之北渎。郦氏于《瓠子河注》说此枝津云：“水上承濮渠，东径沮丘城南，又东径浚城南，又东径句阳县西，句渎出焉。又东北径句阳县之小成阳东垂亭西，而北入瓠河。《地理志》曰：'濮水至都关入羊里水'者也。”此为瓠子由此合濮，而道元翻以为濮水枝津于是入瓠渎也。道元所谓濮水枝津，以《班志》衡之，正濮之经流。故京相璠曰：“濮水故道在濮阳县南。”以濮之径浚城南也。是京之所谓，符于《班志》，而道元以为枝津，误矣。《瓠子河注》言：“濮水枝津上承濮渠，东径沮丘城南，京相璠曰：今濮阳县西南十五里有沮丘城。又东径浚城南，西北去濮阳三十五里。又东径句阳县西，句渎出焉。”白马渎径濮阳县散入濮水，自必于沮丘城间也。《济水注》言：“濮水又东北径鹿城南，《郡国志》济阴乘氏县有鹿城乡。濮水又东与句渎合。渎首受濮水枝渠于句阳县东南，径句阳县故城南，又东入乘氏县，左会濮水，与济同入巨野。”白马渎之入济，当亦因句渎之道，是句渎亦白马之下流。自河之韦津至巨野，经途已遥，而缠络历历也。自瓠入濮而瓠绝，道元强濮以瓠名，云：“瓠渎又东径垂亭北，瓠河又左径雷泽北，瓠河之北即廪丘县，瓠河与濮水俱东流，《经》所谓过廪丘为濮水者也。”此濮水也，郦以为瓠，而强为之说，正所谓显背《桑经》者也。郦续言：“瓠河又径阳晋城南，又径黎县故城南，又东经庇县故城南，自运城东北径范县，与济濮枝渠合，故渠上承济渎于乘氏县，北径范县，左纳瓠河。故

《经》有济渠之称。"此为濮于此入济，濮名绝而下流胥为济也。道元颠倒其事，于是《桑经》为瞽乱也。自道元强立瓠河之目，而《班志》不可解、《水经》之说乱。然瓠子夺濮、济入海之道，非道元于此明著之，则此水所缠，与顿丘决河，同湮泯不可理。虽乱古水之经流，要为有足取也。

至叙濮以入巨野之流为主，非徒郦氏为然，许、应二家已先作此说。《沟洫志》言："河决于瓠子，东南注巨野，通于淮、泗。"许、应之说，即据是也。然此瓠子之道，非古濮水之道，郦氏封丘、巨野之道，又不免左右失据矣。《志》既明言河决瓠子注巨野，则许、应二家所谓濮水出濮阳入巨野者，自为瓠河之道，谓之濮水，显然倒误。《经》叙瓠子不入巨野，亦违马、班所叙，不得为是。然则《经》所谓瓠河至句阳为新沟，悗新沟即羊里水也。所谓过廪丘为濮水，以此道之原为濮也。过范县为济渠，则濮于此入自乘氏来之济渠，而濮以绝。濮始封丘终范县，此最显然。濮巨水而羊里为细流，谓濮入羊里者，班氏之疏，诚以考之枯渠而未得也。至瓠河始濮阳终巨野，亦为历历。《瓠河注》言："故渎东径句阳县之小成阳，又东会濮水枝津（北渎）。"而《济水注》言："濮水又东，（南渎）与句渎合。渎首受濮水枝渠（北渎）于句阳县东。"既瓠河入濮，与句渎受濮，同在句阳县东，属于一地，则句渎入巨野之道，即《志》言瓠河注巨野之道。许、应二家以此为濮水诚非，《经》叙瓠河亦显有失。而郦之颠倒迷离，更不堪究诘也。

班叙濮始封丘入羊里，为自西南而东北。许、应以瓠子为濮，始濮阳入巨野，为自西北而东南。瓠子自以马、班之说为当。《水经》与《注》又以羊里至祝阿之濮为瓠子，是亦以自西北而东南者，为西南而东北，相映成趣，诚堪绝倒。杜预更以酸渎为濮水。是知瓠河、濮水之混而不明，历时已久，非特道元一人之咎也。苟非司马《河渠》详著瓠子之决，而班氏因之，则二水经流将百世不得其说，斯则《水经》之学，夫岂易言哉！道元又言："瓠河径句阳县之小成阳城北侧渎，瓠子北有都关县故城，县有羊里亭，瓠河径其南，为羊里水。俗名之为羊子城，非也。又东右会濮水枝津，《地理志》曰'濮水至都关入羊里水'者也。又案《地理志》山阳郡有都关县，今其城在廪丘城西，句阳、廪丘俱属济阴，则都关无隶山阳理。"夫瓠河本即濮水，故《经》言："过廪丘为濮水。"道元又言："径范县与济、濮枝渠合。"濮水之名，遂绝于此。《经》又言：濮水"又北过东郡范县东北为济渠，与将渠合"。应将渠乃羊里也。都关应在是，居东郡、济阴之间。山阳属县，间乎二郡，此在廪丘东北。道元不以瓠子为濮水，故误以廪丘西南之羊子亭为羊里水都关之所在，此道元之误，而反以为《班志》之误也。

《瓠子注》言："径范县与济濮枝渠合，故渠上承济渎于乘氏县，北径范县。"此之济渠，即《济水注》中所言"南为荷水，北为济渎，径乘氏县，与济渠、濮渠合"者也。斯

荷、济初分,而北渎又别自乘氏径范县,合濮渠。《经》言:
"瓠子过范县为济渠,与将渠合。又东过东阿,又东北过
临邑,又东北过茌平为(疑当作"合")邓里渠,又东北过祝
阿为济渠。"此皆为济,至是又与寿张之济合。然后知《郦
注》所谓北济,自济阳县东北径煮枣城南一水,至乘氏县
与濮水合,同入巨野者,即此济渠之上源,通为一流,则为
所谓北济。北济即阚骃所谓别济,实为始济阳终祝阿,固
甚显然,而道元淆之也。即以瓠子经文言之,出濮阳至句
阳为新沟,此河决始启之道也。东北过廪丘为濮水,以河
水于小成阳城东故垂亭西,右会濮水枝渠,行于濮道,故
为濮水。益知此枝渠云者,正濮之经流也。河水过东郡
范县东北为济渠,与将渠合。以河水于范县与济濮枝渠
合,故渠上承济渎于乘氏县,河行济道,故为济渠。知此
济濮枝渠云者实济渠也。廪丘、范县以下,瓠河犹为濮
水。则廪丘以上,不得濮已入羊里水而濮绝。必过范县
合将渠而濮始绝。益知将渠即羊里之声转也。《班志》不
言濮入济渠,而曰入羊里者,济称故渠,已为枯渎,王景河
通,将渠分河势盛,此班就当时水迹言之。以西汉之前而
言,要以濮于范县入济渠方为古迹也。

始济阳径乘氏,至洛当以合于寿张之济者,亦济水
也。此宜可谓之北济。而道元不知此道于济阳以上为济
之经流,而范县以下,《水经》又误以为瓠子。此二济并行
之迹,其说久荒。今以《禹贡》之文核之,济"东至于荷,又

东北会于汶"。寿张一道,至荷会汶,宜为济之经流。而合濮一道,冒瓠子之名者,不至荷会汶,宜为济之别渎。此道于战国时已有济名。《赵策》言:"赵王割济东三城,合卢、高唐、平原,陵地城市,邑五十七,命以与齐。"考卢在长清,高唐在禹城,平原即济南之平原县,三城惟卢在会汶济道之东,高唐、平原,胥在此道之西,而在会濮济道之东,知此道早有济名,自浮水、将渠之流通,而兼狄水之名也。《济水注》言:北济"径定陶县故城北,汉景帝中六年,以济水出其北东注,分梁,于定陶置济阴郡,指北济而定名也"。则此别济一道于战国已有济称,在西汉而其名犹存。此应为《尔雅》之漯也。《释水》言:"水自河出为灉,济为漯。"又曰:"灉反入。"则灉、漯为出于河、济而入于河、济者也。别济于济阳分济,于洛当又合济,宜漯水即此一道。道元于《济水注》以氾水为《尔雅》之漯,以吕忱"水决复入为氾"释之,未究吕忱据《尔雅》文,字当为氾,读为似,而《郦注》据张晏说此氾水读为范。道元乱别济为数道,求漯水不得,妄以氾水当之,涽氾、氾为一,殊可悯笑。审其缠络,固知所谓"济别为漯"非此莫属也。

《禹贡》于兖州曰:"雷夏既泽,灉、沮会同。"京相璠曰:"今濮阳城西南有沮丘城,六国时沮、漯同音,以为楚丘,非也。"《尔雅》之漯,当即《禹贡》之沮。应此别济是也。道元于《瓠子河注》引《尔雅》水自河出为灉,以释灉即瓠子。瓠河固左经雷泽北,是殆合于《禹贡》之说。郑

玄注《尚书》云："灉水、沮水相触而合入此泽。"明灉、沮皆
当于雷泽近地求之。瓠河径雷泽而别济稍远，是殆古之
雷泽固广，入后渐以湮废而小。大陆、黄泽，皆河所径，亦
以堙而与河远，不必独疑于雷夏也。此灉水出于定王五
年新徙之河，与禹河无涉，下流更无入河之理。其可以释
《禹贡》之灉者，盖以春秋战国所言之河，实即漯川。河出
灉又反入，即出于漯而入漯耳。此正《尔雅》之所云也。
六国时河行漯川，至高唐始河与漯别。灉之入河，谅在高
唐以上，亦不害出河反入之义。春秋战国谓漯为河，正以
禹未"引河北载之高地"，漯川固明为禹前河也。《经》
《注》叙瓠子过范县合将渠，过茌平县合邓里渠。将渠、邓
里皆首受河而复入于河。漯川、莽河，东汉之河，皆过高
唐，邓里、将渠之通河，适在高唐以上，则将渠、邓里即古
灉水反入之迹。应《水经》所叙瓠子，正古灉水之道也。
瓠子之决，适由灉分河处，而南注巨野。道元征《禹贡》
《尔雅》之文以灉释瓠子，是犹存古义。乃通章之注，不曰
灉而曰瓠河，忘瓠子之决，东南注巨野、通淮泗，则道元之
谬也。《经》于此道，随地易名，曰济渠、邓里渠，疑《经》固
无瓠子之目。岂易灉为瓠子，为道元始误之耶？在兖州
出河反入之灉，舍此一道固无可以当之。曰"灉、沮会同"
者，诚以沮之反入于济、灉之反入于河也。然至范县而瓠
河（灉）与济濮枝渠（沮）合，二水固会同于一也。河决瓠
子，当汉武之世，而《水经》作西汉之末，未必迷于瓠河之

注巨野。特以濮阳决口至小成阳间,固瓠河所经,故叙滩水之首姑曰瓠河云尔。新沟以往,胥无瓠河之目,是知《经》之未始有误,而统此滩水一道为瓠河者,固道元之误也。

四 华水与鸿沟

《郑语》史伯曰:"邬、弊、历、华,君之土也。"曰:"前华、后河、左洛、右济。"曰:"其济、洛、河、颍之间乎?"以华比河、济、洛为言,则华固一水也,侍于颍水。而华水所在,应于济、洛、河、颍间求之也。善长于《洧水注》言:"黄水出太山南黄泉,东南流径华城西。史伯谓郑桓公曰:华,君之土也。韦昭曰:华,国名矣。《史记》秦昭王三十三年,白起攻魏,拔华阳,走芒卯,斩首十五万。司马彪曰:华阳,亭名,在密县。黄水东南流,又与一水合,水出华城南冈,一源两分,泉流派别,东为七虎涧水,西流即是水也。其水西南流,注于黄水。"此黄水入于洧,而洧入于颍也。善长于《渠水注》言:"渠水又东,清池水注之。水出清阳亭。清水又屈而北流至清口泽,七虎涧水注之。水出华城南冈,一源两派,津川趣别,西入黄崖沟(即黄水),东为七虎溪,亦谓之为华水也。又东北流,紫光沟水注之。华水又东径棐城北,又东径鹿台南冈,北出为七虎涧。东流期水注之,谓虎溪水。乱流东注,径期城北,东会清口水。清口水又东北,白沟水注之。清水自放流北注渠,谓之清沟口。渠水又左径阳武县故城南,东为官渡水。"合此两文,考史伯所称十邑之华,即华水之所出。《竹书纪年》梁惠王十年,入河水于甫田,又为大沟而引甫水。渠水自以甫田为上源,以接于河。惠王之前,固无所谓渠水也。渠水于清口以上,惟不家沟一水注之。则官渡水者,即古之华水,而华水诚足以比于颍、洛也。华水出华城,而紫光沟水注之,期水又注之,径期城北而清水又注之,《诗》所谓"清人在彭"者也。白沟水又注之。至清沟口,所谓注于渠者,梁惠成前,不家沟水于此注华耳。再径阳武为官渡水,更为后出之名。于浚仪以下,谓之沙水,于义成县入淮,曰沙汭,沙水即古华水也。自惠成王后,名夺于渠水,而鸿沟之称,盛于战国。下流则沙水之名犹存。《尔雅》曰:"颍为沙。"益知史伯或言河颍,或言河华,华水即沙水也。华之所出,正为夏地,《货殖列传》言"颍川、南阳,夏人之所居","陈为楚、夏之交"是也。华夏之称所始,宜于此求之,似愈于华山、夏水之说也。

五　漯川与浮水

《班志》言:"东郡东武阳,禹治漯水,东北至千乘入海,过郡三,行千二十里。""平原郡高唐,桑钦言:漯水所出。"漯水分河处,班、桑之说各异。道元从班而斥桑,《河水注》谓:"《穆天子传》称:丁卯,天子自五鹿东征,钓于漯水,以祭淑人,是曰祭丘。己巳,天子东征,食马于漯水之上,寻其沿历径趣,不得近出高唐也。桑氏所言,盖津流所出,次于是间也。俗以是水上承于河,亦谓之源河矣。"然桑氏之说,要为不误。道元以近疑之。不知在昔漯不得出高唐,且不得出东武阳也。以禹河自宿胥口北行,漯之分河,本于宿胥。至周定王五年河徙,河行漯川,是莽河即漯川。河至高唐,始与漯别,故桑钦云然也。及莽世而河又徙,自长寿津与莽河故渎分,乃径东武阳。高唐而西,至于东武阳,班、郦以为别有漯水。秦汉之间,莽河故渎不经东武阳,漯安得始此。至胡东樵谓漯不得始高唐,说固未谛。《水经》明言"河水又东北过高唐县东",安得信道元之曲说,而忘《水经》之明文,谓河不过高唐、漯不得始此耶?郦言莽渎"径元城西北而至沙丘堰,东有五鹿墟,周穆丧盛姬,东征,舍于五鹿。其女叔婟届此思哭,是曰女婟之丘",则元城故渎,为穆王浮漯之所至。知高唐以西,河行皆漯,安得东武阳别分漯耶?桑钦为成帝时人,说"漯出高唐",谓出莽河,而非东汉以下之河。郦、班所谓河,为东汉以后之河,非桑钦之所知也。然班于东武阳下之所谓漯者,实惟何水,则事亦有可言。《武帝纪》言:"元光三年春,河水徙从顿丘,东南流入勃海。夏五月,河水决濮阳。"胡渭言:"《沟洫志》言濮阳瓠子,而顿丘之决口入海,中间经过之地,皆不可得闻。"今案《河水注》

言："河水又东北径委粟津，大河之北，即东武阳县也。左会浮水故渎。故渎上承大河于顿丘，而北出东径繁阳县故城南。应劭曰：县在繁水之阳。张晏曰：县有繁渊。《春秋》襄公二十年，《经》书：公与晋侯、齐侯盟于澶渊。杜预曰：在顿丘县南，今名繁渊。澶渊即繁渊也，亦谓之浮水焉。昔魏徙大梁，赵以中牟易魏，故《志》曰：赵南至浮水繁阳，即是渎也。故渎东绝大河，故渎东径五鹿之野，浮水故渎又东南径卫国邑城北，又东径卫国县故城南。浮水故渎又东径河牧城而东北出。又东北入东武阳县，东入河。又有漯水出焉，戴延之谓之武水也。"《注》又言："河水于（高唐）县，漯水注之。漯水上承河水于武阳县东南，西北径东武阳新城东，自城东北径东武阳故城南。应劭曰：县在武水之阳，然则漯水亦或武水矣。"于此足明自高唐以西至东武阳所谓漯水者，应劭、戴延之并谓之武水。郦氏亦信其说，而姑从班氏以为漯耳。浮水于东武阳入于河，武水于东武阳出于河，是河未决于长寿津不径东武阳，武水固上承浮水，是武水即浮水也。浮水故渎上承大河于顿丘县，而武水于高唐入漯。则元光三年河徙从顿丘，流入勃海者，即自浮水、武水于高唐下入漯水，以达于海。斯其中间经历之地也。是瓠子决而复塞，河复行二渠，而浮水、武水又空，唯存故渎。自河决长寿津以东行，武水得河通波，以注高唐，有似漯之上流，遂来班、郦"漯出武阳"之说，以武为漯也。《沟洫志》："乃釃二渠以引其河。"孟康曰："二渠，其一出贝丘（王先谦谓"顿丘"之误）西南南折者也，其一则漯川也。河自王莽时遂空，唯用漯耳。"斯则莽河故渎既空，河自长寿津以下所行即漯川也。及河行漯川，至于高唐，漯乃别行。明于孟康之说，则道元《穆传》之疑可解，而桑钦漯出高唐之义乃明，顿丘决河之几于文堙迹绝者，其入海经缠亦可显然大白也。

《淇水注》："清河东北流，浮水故渎出焉。按《史记》赵之南界有浮水焉。浮水在南，而此有浮阳之称者，盖浮水出入津流，同逆混并。清、漳二渎，河之旧道，浮水故迹，又自斯别，是县有浮阳之名也。"南北二浮，迹不相接而名相袭。道元欲以清、漳二渎通之，其论疏矣。南浮与漳辽隔，于白沟亦无相通之文，况事在魏武之后，未可以说六国之水也。浮过莽河故渎，莽河北合清河，二浮之通，此道为近。但莽河即六国之河，不可以出河之浮（北）即过河之浮（南），迹绝而名不堙。二浮之接惟屯氏，倘屯氏故渎即二浮间之故渎也。《淇水注》又言：浮水"首受清河于（浮阳）县界，东北径高城县之苑乡城北，又东径章武县之故城北，又东径箧山北，又东北径柳县故城南，又东径汉武帝望海台，又东注于海。"此浮水道章武入海之说也。《班志》魏郡馆陶："河水别出为屯

氏，东北至章武入海。"《沟洫志》亦言："屯氏河经魏
郡、清河、信都、勃海。"此屯氏之由章武入海也。道
元《河水注》以"屯氏于鄃县合大河故渎"。则不过信
都、勃海，与班异也。《班志》于清河郡灵县云：鸣犊
河"东北至蓨入屯氏河"。蓨属信都。如郦说则鸣犊
安得于此入也。笃马、鸣犊，于郦书皆乱于屯氏枝
渎，亦与班异。益知清河、浮水实以夺于屯氏河而迹
亡。屯河所经，谅即浮水，则南北二浮，于是相属。
附记于此，以辅郦说。

六　济渎名实俱亡

出河之济，水流枯竭，未易言始于何时。《晋书·王
浚传》杜预与之书曰："足下便当径取秣陵，释吴人于涂
炭，自江入淮，逾于泗、汴，溯河而上，整旅还都，亦旷世一
事也。"杜预注《左氏》，言济水诚分明，而论河、淮交通，舍
济而言汴，似汴盛而济衰也。《郗超传》："太和中，桓温将
伐慕容氏，超谏以远，汴水又浅，运道不通。温不从，遂引
军自济入河。超又曰：清水入河，无通运理。"说者或谓此
为济水通流之证(阎若璩)，而考之《桓温传》："太和四年，
率众北伐，军次金乡，时亢旱水道不通，乃凿巨野三百余
里，以通舟运。自清水入河，遂至枋头。先使袁真伐谯
梁，开石门以通运。真讨谯梁，皆平之，而不能开石门。

军粮竭尽，温焚舟步退。"是桓温舟师为自清水入河，《超传》之济，即清水耳，于荥东之流无涉也。由杜预、郗超言之，汴、清二道，重于荥、济也。义熙中刘裕北伐，沈林子、刘遵考将水军出石门，自汴入河。王仲德开巨野入河。裕引水军入彭城，自淮、泗入清河。溯河西上，以向弥留戍碻磝。裕之所经，犹乎桓温清水一道，汴水又一道也。晋宋舟师北伐，莫不迂道清河，或以汴水，盖荥济之不为交通亦已久耶？《宋书·索虏传》于王玄谟攻滑台不克败走，云："拓跋焘自碻磝并南出，十一月至邹山。遣楚王树洛真进军清西，至萧城。步尼公进军清东，至留城。虏趋苞桥，欲渡清河，沛县民烧苞桥，虏争渡苞水。"清东西之辞，于此屡见，此亦清河。曰萧，曰留，曰苞，苞水当即泡水，于此入泗者也。《水经·泗水注》云："王智深《宋史》：沛县民烧泡桥，（杜道）俊争渡泡水。清水即泡水之别名也。"《沈书》别清河于泡水，似《郦注》未确。沈庆之言："清东非国家有也。"意指泗水以东言，此清河应为泗水之别名。《宋史·河渠志》云："熙宁十年，河决澶州，徙而南东，汇于梁山张泽泺。分为二派，一合南清河入于淮，一合北清河入于海。"胡渭曰："南清河即泗水，北清河即济渎也。"泗有清水之名，于赵宋明之，而实始于刘宋也，然此犹非所谓清河入河者也。

晋宋之间，由泗入河，以清水（或曰清河）为径络，而清水源委不见于《桑经》《郦注》。以今考之，《经》谓河水

"又东北过茌平县西"。《注》于此下云："河水又东北流，径四渎津，津西侧岸临河，有四渎祠，东对四渎口。河水东分济，亦曰济水受河也。然荥口石门水断不通，始自是出，东北流径九里与清水合，故济渎也。自河入济，自济入淮，自淮达江，水径周通，故有四渎之名也。"此于《河水篇》所见之清水也。《经》谓济水"又北过临邑县东"，《注》云："济水又东北径垣苗城西，故洛当城也，伏韬《北征记》曰：济水又与清河合流至洛当者也。宋武帝西征长安，令垣苗镇此，河水自四渎口东北流而为济。《魏土地记》曰：盟津河别流十里，与济水合，乱流而东，径洛当城北，而东南流注也。"此言出河之清水，自四渎口而东北，与清水合于洛当城以入济，而清水且得故济渎名也。清水得济名，与自乘氏来洛当之济合。则《瓠子注》所谓"济水二渎合而东注祝阿"者也。此以将渠一道之济为清水也。抑又言之，《注》谓："济水又北，汶水注之。戴延之所谓清口也。或谓清即济也。《禹贡》济东北会于汶。今枯渠注巨泽，巨泽北则清口，清水与汶会也。"斯合汶一道之济也，又得清水之目。《注》又言："济水自鱼山北径清亭东，即《春秋》（隐公四年）所谓清者也，是下济水通得清水之目焉。"是汶口以至清亭而下，济亦得清之名。杜佑言："今东平、济南、淄川、北海界中，有水流入于海，谓之清河。实荷泽、汶水合流，亦曰济河，盖因旧名，非济水也。"此由道元不明著清水即济之名，自唐以来，遂仅知清河，翻疑济水。至宋又有南北清河之名，南清为泗，北清为济。南宋以下，北清河又有大小之分。明于桓温、刘裕清水之迹，则济之流断而名亦易，可以知其实也。道元于《河水注》言："昔赵杀鸣犊，仲尼临河而叹，自是而反。《琴操》以孔子临狄水而歌矣。临济，故狄也，是济所径，得以通称。"知清水于古为狄水也。

附：《图书集刊》发表本章时之"前言"与"篇末识语"

清世地理之学，远迈前代。胡朏明、顾景范辟荆榛于前，杨惺吾集众善于后。即段若膺之注《说文》，孙渊如之疏《尚书》，亦颇条别山川，网罗古义。其于决断嫌疑，贯澈终始，胥不可及也。而《水经》及《注》，其书周悉委尽，纲举目明。寻川泽于已堙，拾训解之既佚，精深卓绝，功尤不刊。故唐宋以来，征之者众。其在近代，治者弥勤，释义陈疑，校讹订阙，全、赵以来，几观止也。文通涉猎地说，殆十数年，绅绎郦书，略周多遍。近顷以来，始大有所惑。盖郑、杜解经，应、孟注史，下及高诱、郭璞、京相璠、王隐之俦，皆精泽地之学。班述《汉书》，许作《解字》，尤叙记明备，贯达柯条。说既纷庬，自多出入。而校之《郦注》，则往往视郦为优。况善长依《经》作解，义应首丘，乃《注》所持论，轻违《经》旨，或显相径庭，或曲为解说，《经》每有征于旧训，《注》乃独乖于事情。而前哲于斯，必株守善长之义。若王益吾之注《汉书》，尽取郦书，苟班、郦相违，胥以为孟坚说误，不狂为狂，陷此巨失，独非守郦过甚之失耶！傥以《郦注》缠络委密，义易甄寻，而异家简略，论或难理，以详略为是非之准，不求实事之是，则意存苟且，咎固难辞。夫清儒述论，乾嘉以降，深探汉师之训，已知晋宋后来之说为不根，奈何于水地之学，独不思校以汉魏师说，斥此六代诐辞，而苟安《郦注》，莫之敢议，虽显与《经》违，置且勿究，斯亦不得为善学者也。今就济渎经流，并其南北有关诸水，搜寻旧解，求索古迹，明善长之违戾，抉《经》旨之小失，于许、应纷错，孟坚偶疏，皆并及之，不为回护。何期于马迁佚言之一二，乃足正道元为卷者四五，纠六代之浮义，核汉魏之确诂，以上窥坠绪于西京，斯亦清代治经之法欤？良以致力稍久，思或偶通，敢启榛途，以待正于来哲，固非好持异同，以疵短前修，徒为自快者也。

此篇于濮水、瓠子二流，马、班、许、应、杜、郦同异，论之已晰。后始决瓠子为古之灉水，而别济即沮水也。稿凡三易，故一篇之中，前后意每不属。原拟改作，继思廖师持论，喜存入门之迹，不尽以后定之论改始作之文，今亦略仿其意，稍事增删，俾不自为矛盾而止，幸览者谅之。文通识。

第五章　国史上黄河初次改道与狄人东进

一　河徙与狄人东进

禹酾二渠,自黎阳宿胥口,一北流为大河,一东流为漯川。周定王五年,当鲁宣公之七年,河徙自宿胥口,东行漯川。此国史上河徙之第一次,其事具于《周谱》。《汉志》所谓"魏郡邺,故大河在东,北入海"者,此禹河也。胡渭氏考之最晰。《水经注》所谓"大河故渎"者,此定王五年以后,迄于汉世之河也,研《水经》者类能言之。于王莽时空,又谓之莽河。河徙经躔,其迹明著。而河徙之故,则言者未审。自鲁僖之末(三十年),迄于鲁宣之初(四年),正狄人横决于东夏之际。其前,狄固汲汲西向以病周、郑。殆以齐桓之既迁邢、卫于河南,而筑塞于河上,狄不得东,故齐、鲁、宋、卫无狄扰,狄在西也。及晋文纳王,狄败于西,于僖末宣初之间,狄七侵齐,再侵鲁,再侵卫,一侵宋。则南逼益远,而卫且又徙都。以齐霸已衰,狄创于西而肆于东耳。于是周、郑无狄扰。方狄人之张,据有河内,而河遂决于宿胥,得无故耶?狄灭邢、卫,居河内殷虚,而大河北行,限其东逸之足,故齐桓因河为城以御之,狄不便河之北,而决之使东者势也。及晋灭狄,而东地至于范,以邑士会。自朝歌、百泉、邯郸、乾侯、冠氏、英丘、曲梁、鸡泽、寒氏、木门、中牟、沙鹿、雍榆,毕为晋地。此所谓范、中行之道也。狄合鄋瞒,故潞氏亡而长狄与之偕亡,则范、中行之道者,实狄之得接于长狄,此侵暴东夏而有之土也。狄亡而后晋有之。晋国于今之山西,乃能越太行有今之河北,而伸其境于今山东之域,此由晋地以审狄地,而知为事之决然者也。旧于《周秦少数民族研究》尝论之,是狄之决河而争地于山东无惑也。顾栋高氏论晋疆域,谓"有今河北之元城、邯郸、清河、永年、顺德、邢台、唐山、任县,河南之浚县,山东之恩县、冠县、范县"。此晋灭狄而拓地东南之远也。其灭陆浑,则有河南之嵩县。陆浑之上雒、菟和、苍野皆入于晋,在今陕西之商州。此晋灭陆浑而拓地西南之远也。于是东南接乎齐,西南接乎楚,皆以灭戎狄而启疆。哀十年,晋伐齐,取犁及辕,犁为山东之临邑,辕为山东之禹城。及乌余以廪丘奔晋,又伐卫取羊角,伐鲁取高鱼,则晋东滨于济,而赵鞅且城汝滨,此又因据狄地陆浑而拓地益广者也。因晋地以审狄地,而河徙于狄势方张之时,实狄决之,情可知也。《燕策》言:"决宿胥之口,魏无虚、顿丘。"顾景范曰:"虚在胙城东南,始皇五年攻魏拔虚即此。"后省入延津县。狄子奇言:"顿丘在清丰县,《汉志》东郡顿丘县。"此言河自宿胥南泛,则害魏地。《苏秦列传》集解引《纪年》:"魏收中山,塞集胥口。"(依鲍注《国策》引校)以证宿胥口,知河北行故道,则害中山。更明定王五年河决宿胥、东行漯川,其为害于魏而利于中山之地可知,则此次河决之由狄为之更可验也。

复有进于此者,《史记》言:"齐桓公救燕,伐山戎至于孤竹而还,燕庄公送桓公入齐境。桓公曰:诸侯相送不出境。于是割燕君所至与燕。"此明齐境之北接于燕也。《尚书中候》言:"齐桓之霸,遏八流以自广。"言塞九河之八也。知自燕而南,九河之域,皆为齐有。故管仲曰"东至于海,西至于河"。自河徙以后,下逮战国,《沟洫志》言:"齐与赵、魏以河为境。"此莽河也。知莽河以西之地,齐已失之于晋。齐北境之移,以定王五年河徙而蹙,又可知也。此将亦齐失之狄,而狄失之晋,赵氏然后承之。则河决之以狄争地于东夏,又审矣。且狄之欲犹未餍于是也。《水经·河水注》:"河水径四渎津,河水东分济,始自是出,东北流径九里与清水合,故济渎也。昔赵鞅杀鸣犊,孔子临河而叹,自是而反。夫《琴操》以为孔子临狄水而歌矣。余案临济故狄也,是济所径,得其通称也。"此言清水故济渎,孔子谓之狄水。前考瓠河、济渠、将渠、邓里之同实异名,皆清水也。道元以清水、济渠即狄水,盖自瓠子河于范县与济渠枝渠合,即得清水、济渠之名,于《济水》章中详论之也。此以下至洛当,在古亦名狄水。将渠首受河于范县西,谅受河之渠,即为狄水之名所自始。惟狄水之经临邑,于是晋地有英丘。惟将渠之即狄水,故晋地有范。故田单攻狄在高苑。禹河既徙,狄于是有河西地,而晋有之。狄又开河水有狄水以北地,而晋有之。狄势且远及于济域也。惟郦氏此言将渠受河于范县西,此为东汉以下之河,而非六国西汉之河,未知将渠受大河故渎于何地。而将渠之必受大河故渎则可知。以形势究之,倘于故渎径五鹿之近地耶? 道元以"临济,故狄"说狄水,自亦首尾一道,而济遂横得狄水之名。临济于后为高苑,田单攻狄之所在。知赤狄于徙河之后又于五鹿开水以入济,于是范至临济,复为所有,此狄水一名之所由来也。

二　赵沟与狄沟

《汉书·地理志》言:"赵地南至浮水、繁阳、内黄、斥丘。"《水经注》言:"河水又东北径范县之秦亭西。河水又东北径委粟津。大河之北,即东武阳县也。左会浮水故渎。故渎上承大河于顿丘县而北出,东径繁阳故城南,张晏曰'县有繁渊'……亦谓之浮水也。故《志》曰:'赵南至

浮水繁阳。'即是渎也。故渎东绝大河故渎,东径五鹿之
野。"晋灭狄而有范、中行之途,赵鞅灭范、中行,而狄地入
于赵。赵地南至浮水者,即前此之狄地,又可知也。《瓠
子河注》言:"将渠受河于范县西北,又东南径范县故城
南,将渠又东会济渠。"夫河水径委粟津,大河之北即东武
阳,左会浮水。"河水又东径武阳县东、范县西,而东北
流。"又"于范县东北流为仓亭津"。此王莽东汉以后之
河,行于武阳之东,适当范县之西。浮水入河于东武阳,
将渠受河于范县,是将渠之首适接浮水之尾。王莽以前,
河自长寿津而北。浮水不入将渠,则安所注?将渠不受
浮水,则无所源。知将渠之即浮水无疑也。将渠即清河,
即狄水。故晋灭狄而有范与英丘,赵灭中行而有东阳河
外。《赵策》言:"东阳河外不战而已反为齐。"《齐策》言:
"有济西,则赵之河东危。"惟赵地沿浮水、将渠,故有河东
地。《竹书纪年》言:齐围赵平邑,又言取平邑。此东阳河
外地,而齐取之。《秦策》言:"秦子异人质于赵,处于扁
城。"《史记·吕不韦列传》正义引作聊,是平邑聊城,即赵
之东阳河外,及河东人于齐,则称齐之右壤,而皆在将渠
一道。《班志》言"赵地南至浮水"者,并将渠谓之浮水也。
《瓠子河注》:"将渠受河于范县西北,又东会济渠(瓠河),
自下通谓之将渠。北径范城东,俗又谓之赵沟,非也。"明
将渠又有赵沟之目。《济水注》:"济水经微乡东,济水又
北分为二水。其枝津西北出,谓之马颊水者也。……须

昌，秦以为县。济水于县，赵沟水注之。济水又北径鱼山东，左合马颊水。水首受济，西北流，历安民山北。又西流，赵沟出焉。东北注于济（须昌）。马颊水又径桃城东，又东北流注鱼山南，又东注于济，谓之马颊口也。济水自鱼山北径清亭东，是下济水通得清水之目焉。"斯赵沟于安民山北出马颊水，东北流，于须昌注于济。而将渠径范县故城南，又东会济渠，与安民西北相距咫尺，是将渠之与赵沟，津流相通，而将渠亦有赵沟之目，而道元非之，误也。益见将渠之接乎浮水。赵地南至浮水，故将渠有赵沟之目，直至须昌入济也。

《赵策》言："赵王因割济东三城：合卢、高唐、平原，陵地城市，邑五十七，命以与齐。"程恩泽言："三城俱属今济南府，实皆在济北。"卢在今长清县，高唐在禹城县，平原在今济南平原县。此谓之济东者，在济渠（瓠河）、将渠之东也。春秋战国每言河，而实为漯川。此济渠、将渠也，非济之津流，亦受济名，即狄水也。此河外之狄地，及将渠、狄水以东地，赵氏灭范、中行而有之者也。

《齐策》言："袭魏之河北，烧棘、蒲。"棘、蒲皆春秋时卫邑，河北谅即棘、蒲之北，而释者多误。由今考之，卫之新筑在魏县，卫之马陵在元城，卫琐亦在元城，此并在河北；卫懿氏在开州西北，或亦在河。卫地之在河北者，入战国而魏有之。赵地之不尽河北者，亦范、中行之事然也。晋以宣十五年灭潞氏，立黎侯，潞氏所据者，多黎侯之土也。十六年灭甲氏及铎辰，甲氏在鸡泽，盖邯郸、五鹿、乾侯一带地，甲氏所据之卫土也。成三年，晋郤克、卫孙良夫伐廧咎如，讨赤狄之余焉。晋人合卫师以讨狄，则狄溃而卫之土复。旧不知廧咎如国于何地，由此言之，则马陵、新筑一带，狄所据之卫土也。卫地之不得全复者，以潞、甲之灭，而卫不与焉。非狄土之不尽河，实范、中行、赵氏之不尽河，殆卫以蒲戚之师越河而复地耳。是足以明魏之有河北，正由狄之土卫复之，而魏氏承之也。以卫复廧咎如地言之，灭潞者荀氏，则中行之食邑，潞氏地也。灭铎辰者士氏，铎辰国土不可知，而士氏食邑于范为范氏，知范、冠一道者，即铎辰国也。

吾上谓将渠于王莽以前、河未徙之时，必分河于五鹿。此再以浮水论之。《注》言：浮水"东绝大河故渎，东径五鹿之野"。五鹿于今为元城。是定王五年河徙，狄且乘浮水而略地，以接于曹州之戎，自浮水、将渠以通于济。元城至高苑一道皆狄地，而浮水通济，因蒙狄水之名也。顾栋高以孔子自卫适晋，临河而返，在开州。则狄水之歌，为又兼指浮水。浮水、将渠入济之皆狄水审也。

《汉地理志》封丘言："濮渠水首受济。"孟康注曰："《春秋传》败狄于长丘，今翟沟是。"《续汉郡国志》刘昭注曰："有狄沟，败狄于长丘是也。"此《宋世家》昭公四年，宋"败长狄缘斯于长丘"事，于鲁为文公之十一年。疑狄沟即濮渠之别名也。《志》言："濮渠受济，至都关入羊里水。《水经·瓠子河注》言:"瓠河故渎自济阴句阳来,河北有都关县故城,县有羊里亭,瓠河径其西,为羊里水。"瓠河又东会濮水枝津,为济濮渠,遂合于将渠。封丘濮水即以此道通于将渠,将亦由清水将渠而受狄沟之号。长狄走濮阳之北,西侵及于长丘,则为扰益剧。长丘及濮渠分济,并在封丘,倘狄沟之即濮渠,将渠、濮渠均受狄名,而晋与赵地有平邑,有英丘,狄且在高苑,是狄既决河而又出浮水以侵扰于濮济一道明矣。

附:《史学季刊》发表本章时之"前言"

余前述《周秦民族史》,依《左氏》论赤狄、白狄之徙,为西部之族侵逼东夏。自甘肃入居陕西、山西之北,南下太行,据有河北、山西、河南之间,日寻战伐。复又渡河而东,突入山东腹心,沿济以达于海。去年秋间,余又草创《沿革地理》,依汉儒之说,颇析道元之误。以《班志》有濮水无瓠河,《桑经》有瓠河无濮水,以瓠河即濮水也,而道元乃言瓠河之外有濮水。班、桑、杜预、郭璞言济只一道,而道元言济有北南二道。道元叙漯川亦不同《汉志》、桑钦之说,皆未足据。自范县至洛当,本自濮济一水,而道元乱之,随地易名:曰瓠河,曰将渠,曰邓里渠,曰清水,曰济渠、濮渠,支离破碎,散一水之流,于各水之注,遂瞀乱不可理。于济渠枝津云者,且昧其上源而不言。两稿既略定,然后知定王五年河徙之决为狄人所为。两

事既明,于是论狄之决河以争地,顺究其事,下逮战
国,无往而不合也。区区是篇,不过数千言,而资之
以成是说者,两稿且十万言以上也。而后知昔人之
究一事,固不易也。

第六章 清河、禹河与漯川

一 清河与禹河

《班志》于内黄云:"清河水出南。"不言所入。《桑经》有:"清水出河内修武之北黑山。……又东过汲县北,又东入于河。"《注》曰:"谓之清口,即淇河口也。盖互受其名耳。《地理志》曰:'清河水出内黄县南。'无清水可来,所有者惟钟是水耳。盖河徙南注,清河渎移,汇流径绝,余目尚存。故东川有清河之称,相嗣不断。曹公开白沟遏(淇)水北注,方复故渎。"此道元疑于河西合淇水之清,与内黄之清,名相袭而迹不可求,未欲强为牵合。于广宗以往之清河,虽未附之内黄之水,而直系之合淇之清。以叙近迹则可,于以考名论古,则滋人惑。愿备议之。

善长《淇水注》言:"淇水东流径黎阳县界,南入河。汉建安九年,魏武王于水口下大枋木以成堰,遏淇水东入白沟,以通漕运。故渎南径枋城西,又南分为二水,一水南注清水,水流上下,更相通注。……淇水右合宿胥故渎,渎受河于顿丘县遮害亭。魏武开白沟,因宿胥故渎而加其功也。淇水又东北流谓之白沟,径雍榆城南,白沟又北,左合荡水。白沟又北径高城亭东,洹水从西南来注之。白沟又东北径罗勒城东,又东北漳水注之。自下清漳、白沟、淇河咸得通称也。"白沟过广宗曰清河,此《水经》叙两清河名不相接,以白沟之故而流相续也。然《郦书》之洹水,正《班志》之国水。班于河内郡隆虑云:"国水东北至信成入张甲河。"魏武未通沟之先,洹水止于信成,不会清漳,东西之清不相涉。道元纵以白沟得称清河,此亦魏武以后之事,安可以释古之清河?杨惺吾氏图六国秦汉水道,竟于邺东故大河之东,莽河故渎之西,其间存清河一道。其迹则白沟之所出也。不知杨氏何以出此?盖亦因胡氏之误说而然耶?《沟洫志》述贾让言:"盖堤防之作,近起战国。雍防百川,各以自利。齐与赵、魏以河为境。赵、魏濒山,齐地卑下,作堤去河二十五里。河水东抵齐堤,则西泛赵、魏,赵、魏亦为堤去河二十五里。"此正指六国大河而言,齐与赵、魏以大河为境也。《国策》言:"齐西有清河。"又言:"赵东有清河。"则古之清河,即周定王五年新徙之河。于魏言浊河,而赵言清河,则河之清,自赵之南始也。贾让复言:"……虽非其正,水尚有所游荡。时至而去,则填淤肥美。民耕田之,或久无害。稍筑室宅,遂成聚落。大水时至漂没,则更起堤防。稍去其城郭,排水泽而居之。……内黄界中有泽,方数十里,环之有堤。太守以赋民,民今起庐舍其中。"由贾氏之说,知河之通于内黄泽无疑也。大河经黄泽之沉淀,而浊河遂清。班以清河出内黄南,而不言所至,正以大河过内黄而清,清河之名,自内黄始也。河洪为济,济过荥泽、圃田而济清。河过黄泽而清,其义一也。赵成侯五年,"齐、魏为卫取我刚平",在清丰县西南,此赵之南地也,在河西。"廉颇攻魏幾",幾在元城县东南,此魏之北地也,在河东,而赵取之。幾与刚平之间,正赵、魏分河错壤处,故时相攻夺。而黄泽即在内黄县,位于清丰西北,而元城之西南。河自此而下,入赵为清河,自此而上,则魏境为浊河。曰清河出内黄,正以此也。此因考狄地赵地而有会于《班志》清河之义也。定王五年以后之河,经黄泽之沉淀而浊河清。以前之禹河,亦经大陆之沉淀,《释名》曰:"高平曰陆。陆,漉也,水流漉而去也。"斯其义也。禹河、徒河,二渎皆会滹沱,以入于海。《班志》勃海郡"成平,虖池河,民曰徒骇河"。徒骇者,九河之最北者也,固即禹河之经流。《班志》:信都国"信都,故章河、故虖池皆在东北入海。《禹贡》绛水亦入海"。胡朏明言:"漳、绛二水,实一川也。漳、绛本入河,及河徙之后,漳、绛循河故道而下。县北故漳,即禹河之故道。而绛水出其南,则漳河之徒流,郦元所谓绛渎者也。盖汉时信都之漳水徙从县南,《地志》以此为绛水，而目县北之渎曰故漳河。其后漳水又复北道，故《水经》叙漳水，仍自信都县西，东北过下博县，而郦元云绛渎今无水，唐人遂谓之枯洚。"此胡氏分疏班、郦之参差，以定禹河之故道，最为明确也。而于故虖池则未有说。陈兰甫氏亦云未详。以今观之，《班志》言："绵曼水入虖池水。""大白渠水首受绵曼水，至下阳曲入斯洨。""斯洨水首大白渠，东至鄡入河。"此水连于虖池，入河以后，复合于虖池。似即班氏所谓"故虖池水在东北入海"者也。《水经·漳水注》："漳水又径西梁县故城东，又东北径桃县故城北，合斯洨故渎。又北径鄡故城东。"此斯洨至鄡合漳，而班谓至鄡入河者，是胡氏谓漳即禹河，五证之外，又得一证也。至胡氏所谓"其后漳又复北道"，即《水经》所叙者，益足明也。汉时信都之漳水，徙从县南。斯洨出虖池，至鄡合漳故渎以下者，即故虖池也。此在西之虖池别流也。《班志》代郡："卤城，虖池河东至参户（旧误作"合"）入虖池别。并州川，从河东至文安入海。"河间国："弓高，虖池别河首受虖池河，东至平舒入海。""乐成，虖池别水，首受虖池，东至东光入虖池河。"此在东之虖池别流也。虖池即九河之徒骇，水流所躔，盖地势最低。其北则燕山之麓，又渐高也。沿虖池塘泺最多，至宋尚因之以限契丹之马足。东连勃海，河海于此相迎逆，故曰"同为逆河入于海"。《禹贡》冀州云："夹右碣石入于河。"则逆河在碣石之西。导山云："至于碣石入于海。"则海在碣石之东,知逆河者,勃海之渐。虖池者,又逆河之渐也。胡氏云:"清河行漳水之东,宋时大河北流,合清河入海,辄决而西,则清河之地高于漳水可知。"漳会虖池,禹河由此入海,河行卑地,此禹河所以无滥决之祸欤?济水经流以北之地,以禹河经行者为最卑。济水经流以南之地,以郑宋之间有隙地为最卑。陂泽之所萃,而开拓最为晚也。雍州田上上,而梁、荆、扬皆下田。此皆卑高之情,足见古今之变者也。

二 漯川为禹河前古河

《史记·河渠书》言:"禹以为河所从来者高,水湍悍,难以行平地,数为败,乃厮二渠以行其河,北载之高地。"《汉书·沟洫志》载王璜言:"禹之行河水,本随西山下东北去。"《水经·河水注》言:河至遮害亭,"又有宿胥口,旧河北入之处也"。自胡渭、焦循立廿四证说自宿胥口北行之旧河为禹河,近世言水地者几无异辞。旧河北行,正"引其河北载之高地","随西山下东北去"。然水之性就下,而禹河乃"北载之高地",显系"金堤"拦截使之北行。无论禹河是否大禹所引,然其必经人工改造则无疑也。昔人相承以为禹引,称为禹河。

禹河自宿胥口北行,既为人工使然,则未有禹河前之古河究流经何地?何处入海?则古籍所未载。然必当有此一河则亦无疑。《沟洫志》载关并言："河决率常于平原、东郡左右，其地形下而土疏恶。"禹河前之古河宜当于此求之。孟康注《沟洫志》"禹釃二渠"曰："二渠：其一出贝丘西南南折者也。其一则漯川也。河自王莽时遂空，惟用漯耳。"《水经·河水注》释"二渠"亦云："一则漯川，今所流也。一则北渎，王莽时空，故世俗名是渎为王莽河也。"孟、郦二人皆以此北渎为禹河，并漯川为二渠。《河水注》叙此北渎言："大河故渎又东，径贝丘县故城南。"与孟康"出贝丘西南"之说合。然此"河之故渎"据《河水注》乃出自长寿津，而非出自宿胥口，实当为"周定王五年河徙"后所行之河、清儒所谓"莽河"者。汉魏诸儒皆以为禹河，非也。郑康成以屯氏河为禹河故道（《水经·浊水注》引），屯氏河盖于馆陶分莽河，于安陵入莽河，略与莽河平行，是亦以莽河为禹河，其误与桓谭、孟康等。今从清儒说以出宿胥口北行者禹河；自宿胥口东行至长寿津北出者为莽河，始自周定王五年河徙；东汉至北朝自长寿津东行者依《郦注》为今河。

《河水注》言："漯川，今所流。"是今河长寿津以下所行正故漯水。《注》引《地理志》曰："漯水出东武阳。"（文句与坊本《汉书》略异）当是漯水与今河分流处。然漯水见于《禹贡》《穆天子传》，当与禹河并时，其时尚无莽河、今河，则漯水上源何所承受？是漯水必当有其上源。马、班并谓"禹厮（《汉书》作"釃"）二渠"。厮、釃，皆分也。禹河与漯既为分流,禹河为出宿胥口而北,则漯当为出宿胥口而东,所谓今河所行者也。东汉人以"漯水出东武阳"者,自是东汉情况而非禹时情况甚明。《河水注》又引桑钦曰:"漯水出高唐。"亦见《汉志》平原郡,与班氏"出东武阳"之说异。按之《河水注》,叙漯水上承河水于武阳县,径东武阳南,径阳平县之冈城西,漯水又东北径乐平县故城东,又北径聊城县故城西,又东北径清河县故城北,又东北径文乡城东南,又东北径博平县故城南,又径文乡城北,又东南径王城北,东出于高唐县,大河右迤,东注漯水。是道元信从班说而非桑钦"不得近出高唐也",其能言之凿凿,当是别有所据。

然此东武阳至高唐一段水程是否漯水,自汉即有异义。《河水注》言:"河水又东北径委粟津,大河之北即东武阳县也。左会浮水故渎,故渎上承大河于顿丘县而北出。……故渎东绝大河故渎,东径五鹿之野。……浮水故渎又东南径卫国邑城北。又东径卫国县故城南。浮水故渎又东径河牧城而东北出。又东北入东武阳县,东入河。又有漯水出焉,戴延之谓之武水也。"《注》又言:"河水于(高唐)县,漯水注之。今漯水上承河水于武阳县东南。……应劭曰:县在武水之阳,然则漯水亦或武水矣。"是班、郦谓之漯水者,应劭、戴延之皆谓之武水。而武水之首正接浮水之尾,武、浮二字为一声之转,是二水当即一水,更远承大河于顿丘。又漯过高唐,紧接莽河之灵、鄃二县。桑钦西汉人，所说漯出高唐，显指莽河，不得为今河也。应、戴二家以出东武阳之漯为武水，当亦义同桑钦，以为"漯出高唐"也。且道元虽非斥桑钦之说，然亦不能自坚，故谓："桑氏所言，盖津流所出，次于是间也。俗以是水上承于河，亦谓之源河矣。""津流所出，次于是间"，亦犹叙黄沟"左与漯水隐覆，势镇河陆"，叙"商水首受河，亦漯水及泽水所潭也"。盖皆互注相通之变文耳。漯水既出莽河于高唐，是莽河鄃县以上当亦漯水也。则漯水经流岂有二道耶？班、桑异同，姑置之可也。

漯水自宿胥口来，经白马津、濮阳、阳平、聊城、博平，皆汉东郡之地，又经援县、高唐、漯阴，皆汉平原郡地，正所谓"河决率常于平原、东郡左右"地区，而莽河、今河皆部分行漯川，是漯川先于莽河、今河也。所谓"禹厮二渠"，应是新开一河，并旧河而为二：新河为禹河，旧河即漯川也。漯水之名见于《禹贡》《穆天子传》，《孟子》亦言"禹疏九河，瀹济漯而注诸海"。然于诸侯交往频繁之春秋战国，《春秋》三传、《国语》《国策》及诸子书中皆不见漯名。而求之实地，《春秋》及《诗经》所见之河，多即漯水。古人既称漯为河，是漯原本为河，禹河既为禹厮二渠引河北载之高地而后有，则漯当即禹河前之古河也。道元注《水经》或当知之。《河水注》："河水又东，径鄄城县北……北岸有新台，卫宣公所筑新台矣。《诗》，齐姜所赋也。"《诗·新台·序》："《新台》，刺卫宣公也。纳伋之妻，作新台于河上而要之，国人恶之而作是诗也。"新台在长寿津东今河上，卫宣作新台在河徙宿胥之前，不仅尚无今河，且亦无莽河，则筑新台之"河上"，应即今河所行之漯水上也。不仅《诗序》称漯为河也，而《新台》之诗亦有"河水弥弥""河水浼浼"之句，是作诗之人亦称漯为河也。《河水注》又言："漯水又北，绝莘道，城之西北有莘亭。卫宣公使伋使诸齐，令盗待于莘，伋寿继殂于此亭。"按《卫世家》，事在宣公十八年。道元明著莘亭在漯水，而《新序·节士》言："欲杀太子伋而立寿也，使人与伋乘舟于河中，水沉而杀之。"是亦显称漯为河也。《注》又言："漯水东北，径高唐县故城东，昔齐威王使肸子守高唐，赵人不敢渔于河。"此据《田完世家》，是齐威王亦称漯为河也。《河水注》于河水过黎阳县南言：白马"津之东南有白马城，卫文公东徙渡河都之"。此据《诗序》："《定之方中》，美卫文公也。卫为狄所灭，东徙渡河，野处漕邑。"白马津在宿胥口东之莽河上，然卫文庐漕远在周定五年河徙之前，当时尚无莽河，则所渡亦当为漯水，而古人皆称之为河。《尔雅》："水自河出为灉。"而《瓠子河注》以瓠子河为河灉水，然瓠子所出为今河，亦即漯川，是亦以漯为河。诸书皆以漯为河，当以漯川原本古河之故，是此古河宜为禹前之河也。

附： 补《水经注违失举正》一则

《水经·沁水注》言："沁水于(武德)县南水积为

陂,通结数湖,有朱沟水注之。其水上承沁水,自枋口(石门)东南流,奉沟水右出焉。又东南流,右泄为沙沟水也。其水又东南,于野王城西、枝渠左出焉。朱沟自枝渠东南,径州城南,又东径怀城南,又东径殷城北。朱沟水又东南注于湖,湖水右纳沙沟水,水分朱沟南派,东南径安昌县城西,沙沟水又东径隰城北,又径殷城西,东南流入于陂。陂水又值武德县南,至荥阳县北,东南流入于河。先儒亦咸谓是沟为济渠,故班固及阚骃并言济水至武德入河。盖济水枝渎条分,所在布称,亦兼丹水之目矣。"道元既知沙沟为济渠,而求之《注》文,沙沟无济之迹,是诚郦氏之疏。殆道元以济之出河自荥口石门,不可济之入河翻在武德,处石门之下,故详言奉沟当巩县入河及新道于温县入河,皆在石门以上,于势为合。然从京相璠之说,济自卷县出河,则正武德之下也。由今考之,若元之广济河分济流,东合利仁河、永利河,东过温县行沙沟之道,以入于河,仿佛济行沙沟之故渎,沙沟通济之迹当可于此求之欤? 既谓沙亦兼丹水之目,而沙沟通丹之迹,亦于郦书不可考其实也。

原载《图书集刊》第三期《肤浅小书》

古地别录

古豫章水道存疑

《左氏》定四年传:"(吴伐楚)舍舟于淮汭,自豫章与楚夹汉。左司马戌谓子常曰:子沿汉而与之上下,我悉方城外以毁其舟,还塞大隧直辕冥厄,子济汉而伐之。……乃济汉而陈,自小别至于大别,三战……不可。十一月……二师陈于柏举……吴师大败之,及清发……又败之,五战及郢。"昭二十四年"胥犴劳王于豫章之汭"。曰"自豫章与楚夹汉"。定二年又曰"吴人见舟豫章"。则豫章固水名也。顾景范言:"吴、楚所争,实在淮、汉之间,自昔由江汉之间以达于淮,豫章实为要害。而其地今不可考,乾溪在亳州(子荡伐吴,师于豫章而次于乾溪),徐在泗州(楚师还自徐,吴人败诸豫章),弦在光州(右司马稽救弦及豫章),则豫章当在近淮之地,光州、寿州之间。"顾栋高曰："豫章系宽大之语……柏举在麻城,从寿州循淮而西,历河南光山、信阳三关之塞,至麻城六百里,至汉口九百里,杜氏所云豫章在江北淮水南者,正当即指淮沘而言。……寿州至汉口,中历光州、信阳州、黄州至武昌、汉阳夹峙之汉口,循淮至汉,路径甚明。"豫章之可考者,两顾氏备举之也。焦循言:"自豫章与楚夹汉,分明豫章为水,与汉相通,汉水东至大别,而南入江,豫章通汉之处,宜即近于大别。大隧、直辕、冥厄在今信阳之南,司马谋断其后,则吴似已从信阳来,真孤军深入也。"(节引)焦循之说,固斥顾栋高氏,确定豫章为水,其说甚精。而又以豫章之水由汉而东,达于庐、寿之间,则于地理情势,似不可能。吴师之来,已过三关,故司马谋断其后。柏举在麻城东三十里,清发在安陆西北,则吴师舍舟后自北而南,顾氏所云"循淮而西,历河南光山、信阳三关至武昌",其说为不可易。夫自豫章与楚夹汉,豫章为水,而吴师之来,已过义阳三关,则豫章之水,其流当自信阳、应山,由北而南,以入于汉,非自庐寿由东而西,以通于汉也。稽之地志,自义阳三关而南达于汉之水为㵲河,更西则为浉河,则豫章即㵲河也。一统图㵲河北达淮,南达汉(图是否足据尚待证实),稍东而狮河又北入淮。豫章之沘,自当于信阳近地求之。吴人见舟于此,越人归楚乘舟亦由此。吴楚交通,系沿淮而西,自信阳越三关而南,以至于汉,则固无所疑也。杨守敬言:"疑古时汉水,由安陆通宋河,东趋滠河,入渚波湖,至阳逻南入江。其自安陆以下,天门潜江以上,是汉水枝津分流,为《禹贡》荆州之潜。自宋河不受汉水,汉水始由枝津下潜江天门,至汉阳鲁山入江。"则古豫章通汉,当即在安陆之东,故杜预言:"豫章在汉东。"柏举、清发皆沿豫章及近汉处,吴师越三关沿豫章而南,以达于汉,楚之东出,道亦由此,沿淮而东,由芍陂、邗沟两道入江。郢及姑苏间之交通,皆舍江而弗由,纤道期思、豫章,诚以云梦、九江之险,非偶然也。淮水自桐柏而西北以通于唐河,又西南至襄阳入汉。则滠河下达于汉,上通于淮,亦犹唐河,事或然也。

古代长江流域之生物与气候

《禹贡》荆州"厥贡羽毛齿革",扬州"厥贡齿革羽毛惟木"。注云:"齿,象齿;革,犀皮。"《尸子》言:"荆有云梦,犀兕麋鹿盈溢。"《左氏传》:重耳语楚子亦曰"羽毛齿革,则君地生为"。《吕氏春秋》言:"禹入裸国,裸入衣出,因也。"《论衡·书虚》:"禹时,吴为裸国。"应劭《风俗通》:"裸国,今吴郡是也。"是南方古有裸国,盖地气炎蒸,犀象居之。西人谓我国古象形文字中,多见热带之动植物,因有汉族南来之说。然绝无他证,以验南来。而文字中能象热带动植物之形者,即彼时长江流域之生物也。盖古时黄河流域之气候,略如今日之长江,古时长江流域之气候,略如今日之珠江,故生物亦因之以异。地气盖自北而南移。近代探险家言北极有石炭,是北极在前世为温带或热带亦可知。而探险蒙古者言世界大动物,皆发现于蒙古一带,则最初依动物而生之人类,当亦导源于此。美之人类学家遂谓北极一带,三百万年前气候极暖,哺乳动物均生于此。其后气候转寒,林木逐渐枯槁,动物因之南下。斯盖因大陆漂移,或地轴改变之故,而温带、热带以渐南移。凡《孟子》所言草木榛榛,禽兽逼人之概,《世俘》所记克殷所获虎兕之数,皆后来北方之所不能见。而猛兽龙蛇之害,古时恒见之动植物,后或绝也。北方地下发掘,亦见水牛、犀象之骨,蛇鸟之卵,皆足以验古今气候迁移之故,重以湖泽之夷为平陆,薮浸之约为川流,雨量气候,将亦因之,惟我先民文化发生之期,即黄河流域气候最和之际,故古代迄于周秦,文明盛于河域,于时之地理与气候,有以致之也。

周时夷夏之分布与地理

周都丰镐,又营雒邑为王城以朝诸侯,东西二都,长短相覆为千里曰王畿,此沿渭水流域以及南河流域者也。鲁卫之封方四百里,太公封于齐兼五侯地,此自南河流域以及济水流域者也(别论于《古史甄微》)。自西而达于东,二都鲁卫与齐实监临之,而同姓甥舅之国,散处其间。

《始皇本纪》淳于越言："殷周之王千余岁，封子弟功臣自
为枝辅。"《汉兴以来诸侯年表》云："武王成康所封数百，
而同姓五十五。"《荀子·儒效篇》云："（周公）立七十一
国，姬姓独居五十三人。周之子孙苟不狂惑者，莫不为天
下之显诸侯。"《左氏》昭二十八年传成鱄亦曰："（武王）兄
弟之国者十有五人，姬姓之国者四十人。"周临天下，同姓
之封，所系实重也。《国语》言："昔贽畴之国也由太任，
杞、缯由太姒，齐、许、申、吕由太姜，陈由太姬。"则异姓婚
媾之封次之，故曰周之宗盟，异姓为后。《郑语》史伯曰：
"非王之支子母弟甥舅，则皆蛮荆戎狄之人也。"凡于时开
拓已久之地，周之兄弟甥舅之国错居之，而未开拓者则弃
之以与荆蛮戎狄。若《乐记》言："武王克殷……未及下车
而封黄帝之后于蓟（《吕氏春秋》言封铸），封帝尧之后于
祝（《吕氏春秋》言封黎），封帝舜之后于陈。下车而封夏
后氏之后于杞，投殷之后于宋。"《史记》又言："封神农之
后于焦。"兄弟甥舅之外，周之所封，仅古帝夏殷之后而
止。而三监制殷虚，三公制东土，以与镐、雒之势相维持。
虽史迁言"唐虞之侯伯，历三代千有余载"，然周末强国以
十数，皆周之新封，百里而上之大国。则所以制天下者已
密也。兹列周之封建，以见与于时开拓之地，若合符契。
凡山陵薮泽未开化之域，周人所不至者，则一任戎狄之奔
窜于其间。要荒之服，戎狄所居，固不以地之近远，而惟
视开拓与否。及乎西北民族之南下，则沿地理之关系，投

间抵隙,相率而至,侵暴诸夏,至秦卒以夷灭六国,而三古之文化以剧变也。

周代封建与地理

一、渭水流域 此周之宗邦,其建国可考者凡十一。文王都丰,武王都镐,而《左氏》曰:"毕、原、丰、荀,文之昭也。"则都镐以后,丰有封国。又曰:"魏、骀、芮、岐、毕,吾西土也。"骀为后稷封地,即《诗》之邰,兹并引之。

周(岐山)	召(岐山)
崇(鄠县)	丰(鄠县)
骀(武功)	毕(咸阳)
彤(华县)	杜(华州)
芮(朝邑)	梁(韩城)
韩(韩城)	

二、汾水流域 此太行以北,汾、潞、昭祁一道,所谓北辟者也。周之建国,皆依乎汾川,可考者凡十一国。而晋处于最前,已与异族相接。所谓晋居深山之中,戎狄与邻。此唐叔之封以怀姓九宗,而疆以戎索者也。

晋(太原)	霍(霍城)
杨(洪洞)	荀(绛州)
贾(蒲城)	耿(河津)
冀(河津)	郇(临晋)

虞(虞县、平陆)　　　魏(芮城)

西虢(平陆)

三、河济以北　此成周之北,太行之外,河以北之国
也。河至大伾北行,则并济以北、河以东计之,虖沱、涞、
易一道,所谓新辟者也。而封国北限于邢,赤狄之来,首
当其冲。封国之多,则仍在衡漳以南,可考者十二,而檀
伯附焉。

邢(邢台)　　　　　黎(黎城)

卫(淇县)　　　　　共(辉县)

南燕(汲县)　　　　胙(汲县)

凡(辉县)　　　　　雍(修武)

邘(河内)　　　　　苏(温县)

原(济源)　　　　　檀

四、河洛以南　此成周以南,伊洛、外方以外,虎牢以
西封国也。其东南封国尤众,而强分之且止于此,可考者
十国。

焦(陕州)　　　　　毛(宜阳)

刘(偃师)　　　　　滑(偃师)

郞(缑氏)　　　　　应(鲁山)

康(禹县)　　　　　畴(禹县)

密(密县)　　　　　郐(密县)

五、汉水流域　此外方、桐柏以南,而并及《职方》所
谓溠、湛者,亦新辟曰南者也。《左氏》曰:"周之子孙在汉

川者,楚实尽之。"又曰:"汉东诸国随为大。"则周之所封国固多,见于《春秋》者既略,而卢戎已处于襄阳近地南漳,所见诸国之为戎为夏,已不易别。武王封宗姬于巴,于《国策》汉中之甲,乘船出于巴,乘夏水而下汉,四日而至五渚。知巴子之封初在汉,后乃南下入于西汉水至阆中,盖南下而至于江。于荀卿书曰巴戎,蜀地有苴在汉中,倘蜀先亦为汉域之国,而后亦南迁。褒于今为襄城,亦在汉域,庸地括今之兴安,麇都锡穴在白河,皆为今陕西地。后皆南向拓地广远,趋陷异俗,此皆汉域国之不易言者,今惟依申、吕、随、唐诸国言之,可考见者凡十六国,庸、绞诸国地远事晦,不具列也。

申(南阳)　　　　　吕(南阳)

蓼(唐县)　　　　　鄀(内乡)

邓(邓县)　　　　　谷(谷城)

鄢(襄阳)　　　　　罗(宜城)

权(当阳)　　　　　鄀(宜城)

唐(随州)　　　　　随(随州)

贰(应山)　　　　　轸(应城)

郧(安陆)　　　　　厉(随州)

六、波溠颍湛流域　　此大河以南,所新辟益南,《春秋》所称为夏路者也。楚夏交通,恃此一线,故曰陈当楚、夏之交。姬姓之国,沈、息最南,已与江、黄诸嬴姓东夷之国壤地相错,则可考者凡十四国,以沈即聃,从钱坫说,不复别出。

东虢（汜水）	郑（新郑）
管（郑县）	祭（郑县）
蒋（固始）	许（许昌）
房（遂平）	蔡（上蔡）
挚（新蔡）	陈（淮宁）
顿（商水）	项（项城）
沈（汝阳）	息（息县）

七、菏泗流域　此菏、泗东西，济水泰山以南之域也。鲁为最大，《明堂位》所谓方七百里者也。滕以狄道，而邾又夷也，事同乎杞。贾逵已云：极，戎邑。郯、郳之属，益无俟论。周之封国，可考者凡十八国。

杞（杞县）	宋（商丘）
戴（考城）	葛（宁陵）
单（单县）	曹（定陶）
郜（城武）	极（鱼台）
茅（金乡）	邿（济宁）
任（济宁）	鲁（曲阜）
牟（莱芜）	邾（邹县）
滕（滕县）	薛（滕县）
郎（郎县）	颛臾（费县）

八、济汶流域　此泰山以北，济、汶南北之域也，而齐为大。太公封齐，而莱夷与之争营丘，其后齐、莱之间有

纪,斥地最广,自齐之东南,大略皆东夷也。周之封国可考者凡十国。

齐(临淄)	谭(历城)
祝(肥城)	遂(宁阳)
铸(宁阳)	郕(汶上)
宿(东平)	须句(东平)
鄟(东平)	郭(东昌)

由上考之,渭、洛、河、济一线,周之二都三监镇之,大建齐、鲁、卫以临之。于时开化特久之域,即周建藩之主要封国。其齐、鲁以东南,滨海之区,华族所不重,则东夷居之。有莱(黄县)、纪(寿光)、夷(即墨)、介(胶州)、莒(莒县)、根牟(沂水)、阳(沂水)、向(莒州)、郚(兰山)、于余丘(兰山)、郯(郯城),由泗至淮,所谓淮泗之沮洳区,华夏所不重,东夷居之。有郯(郯城)、鄫(峄县)、偪、偪阳(峄山)、萧(萧县)、亳徐(铜山),而邾、郳、滕已夷也。淮水南北,郑玄所谓趋陷于彼俗者也,嬴偃之族,实繁有徒,有江(正阳)、黄(光县)、道(确山)、柏(西平)、东不羹(舞阳)、西不羹(襄城)、弦(蕲水)、赖(商城)、胡(阜阳)、蓼(霍丘)、六(六安)、英氏(六安)、巢(巢县)、宗(庐江)、舒鸠、舒蓼(舒城)、舒桐(桐城)、舒鲍、舒龚、舒庸、钟吾(宿迁)、钟离(临淮),自波、溠、颍、湛而南,所谓夏道之国,已与此相接也。此皆东南之族,匡衡所谓商、周东不过江、黄,西不过氐、羌者也。宣、幽而后,周东南拓地,用兵江、

汉、徐、淮,则夷夏益相逼处,其可考见者遂多。云梦以西,巴、楚、庸、蜀、麇、夔、百濮之属,及他小国,皆要荒不臣之域,王者不治。江海之区,盖昔皆弃之以与蛮夷,而诸夏未之争者。若西北之族,猃狁、犬戎之属,既有关中,内侵日深。南及谢西之九州,东及太行,以入于商、鲁之间,正以山泽之间,昔为诸夏之所弃,而山戎、北戎、长狄之所处,故诸族遂乘隙窜据于其间。北戎居太行及九河沮洳地,郑瞒居孟诸、巨野、雷夏、菏泽、大野群泽之间,而山戎亦出没于太行,是以赤狄、白狄因之。明于周代地理之故,而后有以审周之封建,其所以辨夷夏之居,及民族迁徙之迹,皆非偶然也。若夫吴、越之居,盖无与于周人建藩之事。燕、蓟独居北鄙,其故已别论之于《古史甄微》,此不详说。审乎此,则周代致戎逼诸夏之祸者,胥当依地理之实求之也。

先君研究历史地理,始于 20 世纪 30 年代初,以历史时期地理条件的变化为主要研究方向,与一般以研究政区、地名沿革为主者颇异其趣。早期发表论文《中国古代北方气候考略》(载 1930 年南京《史学杂志》第二卷第三、四期合刊)、《论古水道与交通》(载 1934 年北京《禹贡半月刊》第一卷第七期、第二卷第三期),都引起了当时学界的关注。后在研究周秦民族史的同时,进行了大量古代地理考论,初仅用作《周秦民族史》一稿之第一章《周秦时代之地理形势》，嗣以积稿日多，遂逐步发展形成本编，题为《中国沿革地理》，以之作为在各大学讲授此课之讲义。初稿完成于1938年，曾石印讲义散发，部分篇章后经修改刊布。本编第二章发表于1943年《图书集刊》第四期，题为《由〈禹贡〉至〈职方〉时代之地理知识所见古今之变》；第三章第一至五节发表于1943年《图书集刊》第五期，题为《释古长江下游之交通》；第四章发表于1942年《图书集刊》第二期，题为《〈水经注〉违失举正》，第五章发表于1941年《史学季刊》第一卷第二期，题为《国史上黄河初次改道与种族之祸》。1955年曾就1938年讲义进行改订，题为《古地甄微》，讲授于四川大学历史系。是为先君最后一次讲授此课。1957年，以《古地甄微》油印稿与科学出版社草签出版合同。后以论述古代地理应辅以地图更能阐明问题，于是索回原稿，拟补作地图后再付出版，但以无助手协助，地图久不能成。嗣以政治风云丕变，遂尔终致爽约，而书稿因亦束之高阁。1994年，上海《学术集林》索求先君遗稿，乃以《古地甄微》第一节《上古之开化》应之，刊于1995年《学术集林》三卷。此次整理本编，以数稿相互勘校，见《古地甄微》油印稿虽为先君后定之稿，但系仅就1938年讲义增写一节删去三节而已，尚未及用《图书集刊》《史学季刊》已发表者对有关章节进行改订。故整理时以《古地甄微》油印稿为基础,用已发表各稿替换改订油印稿相关章节,并附发表时所写"前言""识语"于各章之末。油印稿本未分章,每节除标题外仅冠以数字番号,且不完整。乃以已发表各文标题为主对全稿进行分章,并另组第六章。《古地甄微提要》系与科学出版社签约时应出版社要求而作,此文颇有助检阅读此编者,故据手稿整理置于编首。且此编无序,可代序言。《古地别录》系据《周秦时代之地理形势》,改编为《古地甄微》时以其与民族关系过密未予编入者,然此编各节对理解周秦地理尚有补益,故整理附于编末。如此整理,不审有当先君之旨否也。至于原来拟附之地图,则以才薄力弱,且疏于水地之学,不敢妄作,仍付阙如,幸读者谅之。

蒙默整理后记

1996 年 3 月

附录

中国古代北方气候考略

　　海岱之间，自古擅交通地利之便，而黄河流域，于古尤得气候之和。海东学者有议以长江气候地利之美，何以不发生文化，因疑苗族为中国文化之创始者。是未究中国古代气候之变也。《禹贡》于冀州曰"岛夷皮服"，可见北土之寒；于扬州曰"岛夷卉服"，可知南地之暑。泰山之麓，徐兖之间，服枲丝，宜桑麻，则上古之世，黄河流域气候之和可知。宜文化之遂发生于斯地斯时也。试详按之，《唐风》曰："不能艺稻粱。"《豳风》曰："十月获稻。"《小雅》曰："浸彼稻田。"《夏本纪》："令益与众庶稻，可种卑湿。"《滑稽列传》言：西门豹"发民凿十二渠，引河水灌民田，田皆溉"。《沟洫志》言："史起为邺令，遂引漳水溉邺，以富魏之河内。民歌之曰：终古舄卤兮生稻粱。"《国策》言："东周欲为稻，西周不下水，东周患之，民皆种麦。"皆见古代北方之卑湿舄卤，宜于稻。《礼》曰："诸侯耕助以供粢盛，夫人蚕缫以为衣服。"赵岐说："粢稷盛稻也。"而粢亦有稻饼之训,知稻为日食必需,其遍可想。至鲁曰空桑,卫有桑土,而桑田、桑中、桑落,尤屡见于《诗》,知其产桑之盛。"麻冕,礼也,今也纯,俭。"大布大帛,朱弦素丝,则知北土产桑之盛,远优于今日。《卫风》曰:"籊籊竹竿","篿竹猗猗"。《沟洫志》言瓠子之决:"是时东郡烧草,以故薪柴少,而下淇园之竹以为楗。"亦见卫地产竹,于汉犹盛。故古者祭食则簠簋,乐则笙竽箫管,简策以记事,筐筥以盛物。射则箭,约则符,寝则簟簥籧篨,食则箸。惟堂而帘,惟乘而棬,笄以饰,笞以戒,计以算,扬以箕,渔以筍。竹固古者北方所盛产,故器用得恒资之。食夫稻,衣乎锦,而用亦大资于竹,则于北土之植物,可以占其气候地宜,迄于今则已几夫绝也。《魏风》曰:"彼汾沮洳。"《书》家言:祖乙徙耿,水泉泻卤,邑民垫隘,山川尝圮焉。《地理志》言太公之封齐,"地负海,舄卤,少五谷"。太山之东,太行之西,高爽之区,尚舄卤沮洳,而况河水所经,九河支渎之地。其见于《禹贡》者,有大陆,有大野,有菏泽,有荥泽,有雷夏,有孟诸,有诸野,所谓泽也。《尔雅》所称,有杨陓,有海隅,有昭余祁,有圃田,有焦护,所谓薮也。《周官》所著,又有貕养,有弦蒲,有杨纡,而涞、易、畐、时、沂、沭、渭、洛、汾、潞、卢、维、波、溠,皆所谓浸也。又岂惟汾之沮洳咏于《诗》而已。湖泽既视后为多,支渎半为薮浸。《沟洫志》平陵关并言:"河决率常于平原、东郡左右,其地形下而土疏恶。闻禹治河时,本空此地,以为水猥盛则放溢,少稍自索。"此亦禹时一大浸也,入汉亦涸竭不复存,皆古今异势之彰彰可考者。孟子所谓污池沛泽多而禽兽至,草木畅茂,禽兽繁殖,驱龙蛇而放之菹,驱虎豹犀象而远之。凡封豨修蛇之说,尤屡见于古记,皆非今日北方气候之所宜有。荆州厥贡羽毛齿革,扬州厥贡齿革羽毛、惟木。《传》谓:"齿,象牙;革,犀皮。"明荆扬之域,地气歊瘴,犀象居之,亦有裸国,偃然热带。故西人亦注意于我国古文字中多热带动植物之象形图字。而《禹贡》"荆河惟豫州",豫,大象也,岂豫州古亦产象,故以大象名耶?《吕氏春秋·古乐》云:"商人服象,为虐于东夷,周公遂以师逐之,至于江南。"则凡《世俘》所著、孟子所称,草木榛莽禽兽逼人之概,惟古昔北方之气候宜然。《禹贡》于扬州称:"厥草惟夭,厥木惟乔。"于兖州称:"厥草惟繇,厥木惟条。"由今观之,则大江南北,只厥木惟条;岭海之间,乃厥木惟乔耳。可见三古木多而雨量丰,洪水猛兽龙蛇之为人害者烈。入后气候渐寒,而动植物古时恒见于北方者,今乃渐绝。湖泽为平陆,而薮浸为川流也。近代探险家言北极有石炭发现,则北极于前世之为温带或热带可知。而探险蒙古者言,世界大动物皆发现于蒙古一带,则最初依动物为生之人类,当亦导源于此。美国人类学家遂谓北极一带三百万年前气候极暖,哺乳动物均生于此,其后气候变冷,动物南下。或因地轴改变之故,而北极、蒙古乃以渐寒。是北方之以渐变寒,事甚显著。是先民逐气候之变以遵海而南,栖迟海郛之间,正气候温暖和畅之会,亦正智力发育适当之时,于是我东方璀璨之文化,滋兴于斯,而展大于三河。正所谓因天时地利,而文化之兴,固自非偶然之故也。

原载 1930 年 9 月《史学杂志》第二卷第三、四期合刊

古代河域气候有如今江域说

蒙文通先生魏晋史课堂讲演之一节

王树民记

　　中国古代文化，不发生于长江流域而发生于黄河流域，以今日北方之荒凉与东南之殷盛相况之下，诚不能令人无疑，故日人有"苗族曾兴于长江流域，其后退化，华人承继其文化，入居黄河流域"之推想。其说出于悬想，固难置信；然其所提出之问题则实有研究之价值也。

　　试以古之川流、湖泽、气候、物产及土质等种种情形，推究当日状况，则知古时南方实未若北方之适宜于人生。取《禹贡》《职方》《左传》《国策》读之，河域支渠纵横，往来极便，江域以水盛辽阔，反障交通。南方土质涂泥，北方多宜稻麦。更详究气候之状，亦知北方最为适宜。盖人生便利之资，北方远过南方，故古文化之发生乃在北而不在南也。今于川流土质且不详具，略言气候之状，并及物产与湖泽之分布焉。

湖泽之分布，与气候极有关系。盖湖泽多则空中之水分足，水分足则调节气候，无酷寒燥热之害。古者沿河一带，湖泽甚多。在今河南中部有荥泽，其东有圃田，开封之北有逢泽（一称沙海），商丘之北有孟诸，山东西境有荷泽，曹州境内有雷夏、大野，河北南部有大陆，在鸿沟流域中（河、沛、淮、泗之间地），水泽尤富。《禹贡》仅谓"荥播既猪"，《职方》则云"其川荥、雒"，《尔雅·释水》已较多，《国策》所记则弥详矣，盖以土地日辟故也。

沿河诸湖泽，自两汉以来，日渐埋塞，迄明季而大部俱没。《职方》所记之浸薮，今多为川，亦历经堙蚀之故也。如菑、时（幽）、沂、沭（青）、渭、洛（雍）、汾、潞（冀）、卢、维（兖）、波、溠（豫）等。今虽惟余川流，亦可见古之多浸薮也。

于上举诸泽浸外，尚有多点可见古时北方之多泽与潮湿。如《诗·魏风》："彼汾沮洳。"《左传》成六年韩献子曰："郇瑕氏土薄水浅，其恶易觏……于是乎有沉溺重腿之疾。"山西今为高亢之地，古则潮湿如此。又昭三年："景公欲更晏子之宅，曰：'子之宅湫隘，不可以居，请更诸爽垲者。'"今山东地固极爽垲，而古则以湫隘称也。

次观物产方面。今南方之物，如竹、稻，古时均盛产于北方，今则已稀见矣。

古者北方多竹，其例甚多。如《诗·卫风》："瞻彼淇奥,绿竹猗猗。"《汉书·沟洫志》:"塞瓠子决河,下淇园之竹以为楗。"《东观汉记》:"郭伋为并州牧,行部到西河美稷,有童儿数百,各骑竹马于道次迎拜。"刘知几致疑此事,谓:"晋阳无竹,古今共知。"案相传唐晋阳童子寺有竹一窠,其寺纲维,日报平安,则子玄之语非妄。惟唐时然,而古则未然也。又乐毅《报燕王书》云:"蓟丘之植,植于汶篁。"篁者,竹田也。《左传》文十八年:"懿公游于申池,邴歜阎职弑公,纳诸竹中。"又襄十八年:"晋帅诸侯之师围齐,焚申池之竹木。"是均齐国有竹之证也。古人日用之具,多以竹制,如箫管之类。如北方不产竹,必不能远求以制也。

其次,北方产稻。今北方虽有稻田而不多。据《职方》所记,北方之豫、兖、幽、并四州均产稻,其中幽、并二州最堪注意。于《诗》亦多见例,如《唐风》:"王事靡盬,不能蓺稻粱。"《豳风》:"十月获稻。"地均在黄河流域也。《汉书·沟洫志》:"邺有贤令兮为史公,决漳水兮灌邺旁,终古舄卤兮生稻粱。"是魏地有稻也。《战国策·周策》:"东周欲为稻,西周不下水。"是周地亦产稻也。

以上举之湖泽、物产诸端观之,正有似今江南地带,则古时北方气候之温和适宜,必远非今之荒凉干亢者比矣。故中国古文化必发生于黄河流域而不在长江流域也。其中心地点当在沛入海处,南至于会稽,北至于幽州。

所以悟古今气候不同者，实以读《禹贡》得之。《禹贡》冀州岛夷言"皮服"，扬州岛夷言"卉服"，盖以寒暑剧烈而异。其处中之兖、青、徐、豫诸州所贡之绤、丝、枲等物，则均气候适中者所服用也，故知此诸州乃当时气候最适宜之地。既悟此故，因继续研求，遂明中国气候，以长期观之，乃在时变，而适宜地带亦已渐渐南移。其详虽尚待求证，要之实为可能之说也。

原载 1934 年 3 月《禹贡半月刊》第一卷第二期

古水地札记

沇水东流为沛，入河、溢荥、东出陶，夫以上流入河之
沛名下流出河之沛，例之他水，其事甚奇。夷考其实，殆
因溢荥而然耶！谅荥于古为巨浸，跨河南北，据地衷广，
犹江之有云梦。沛、河同汇于荥，入荥之水河为巨，沛次
之，于是出荥之水巨为河，次为沛也。然沛于武德入河，
于卷县出河，知武德东至卷县，古皆荥泽地，于后乃堙为
平陆，徒空存荥泽、荥渎之名于其间，其余迹耳。

《左氏》宣十二年传，楚潘党逐晋魏锜及荥泽。《杜
解》：荥阳县东荥泽。此大河南之荥泽也。汉晋诸儒胥以
此释《禹贡》之荥泽。《左氏》闵二年传，卫侯及狄人战于
荥泽。《杜解》：此荥泽在河北。此大河北之荥泽也。杜
氏于《释例》伸之曰战而又及河，则非河南荥泽。此论最
为有识，而荥泽之必跨河南北审矣。

河南之水溱、洧南流，去河远；京、索北去，去河近。

《诗》见溱、洧，古不言有京、索，秦汉后见京、索，鲜言溱、洧，明古无京、索。于《左氏》徒见索水上源斿然之名，是荥泽涸而后京、索之流见，则京、索流域固皆荥泽地也。谅冯池以东、斿然以北、原圃以西北接于河，皆古河南之荥泽，当河之北接吴泽陂，其即古大河以北荥泽之余迹乎！《左氏》定元年传：魏献子田大陆而焚焉，还，卒于宁。《杜解》：《禹贡》大陆在巨鹿北，嫌绝远，疑此田在汲郡吴泽。杜以宁在修武，故疑吴泽为大陆。然《水经·淇水注》云：淇水径朝歌城南，纣都在大陆之野，即此矣。朝歌距修武其程才巨鹿、修武间三之一耳，则郦释大陆不嫌绝远，而吴泽不得为大陆审矣。

《水经·清水注》云：清水又东南流，吴泽陂水注之。水上承吴陂于修武县故城西。陂南北二十里许，东西三十里。西则蔡沟入焉（戴改作长明沟）。水有二源：北水上承河内野王县东北界沟，分枝津为长明沟，东径雍城南，沟水又东径射犬城北，东入石涧，东流，蔡沟水入焉。水上承州县北白马沟，东分，谓之蔡沟，东会长明沟水，又东径吴亭北，东入吴陂，此吴泽之上源也。

《水经·沁水注》言：沁水南径石门，谓之沁口，其水南分为二水：一水南出为朱沟水，沁水又径沁水县故城北，春秋之少水也。沁水又东径沁水亭北，沁水东径野王县故城北。沁水又东，朱沟枝津入焉。又东，与丹水合；

水出上党高都县东北，丹水又东南径郏城西。丹水又南屈而西转，光沟水出焉。丹水又西径苑乡城北，南屈东转径其城南，东南流注于沁，谓之丹口。沁水东，光沟水注之。水首受丹水，东南流界沟水出焉，又南入沁水。沁水又东南流径成乡城北，又东径中都亭南，左合界沟水，水上承光沟东南流，长明沟水出焉，又南径中都亭西而南流注于沁水也。

《经》言沁水东过州县北。《注》言有白马沟水注之，水首受白马湖，湖上承长明沟。湖水东南流径金亭西分为二水：一水东出为蔡沟，一水南注于沁也。《经》言沁水又东过怀县北，又东过武德县南，又东南至荥阳县北，东入于河。《注》言沁水于县南水积为陂，通结数湖，有朱沟水注之。其水上承沁水，自枋口（石门）东南流，奉沟水右出焉，又东南流，右泄为沙水也。其水又东南，于野王城西枝渠左出焉，东径野王城南，又屈径其城东，而北注沁水。朱沟自枝渠东南径州城南，又东径怀城南，又东径殷城北，朱沟水又东南注于湖。湖水右纳沙沟水，水分朱沟南派，东南径安昌城西。沙沟水又东径隰城北，又经殷城西，东南流注于陂。陂水又值武德县南，至荥阳县北，东南流入于河。先儒亦咸谓是沟为济渠，故班固、阚骃并言济水至武德入河。盖济水枝渎条分，所在布称，亦兼丹水之目矣。道元既以沙沟为济渠，而求之《注》文，沙沟无通济之迹。是郦氏之疏,殆道元以济之出河自荥口石门,不可济之入河翻在武德,在石门之下,故详言奉沟当巩县入河,新道于温县入河,皆在石门,于势为合。殊不知从京相璠之说,以济自卷县出河,则正在武德之下也。由今考之,若元之广济河分济流东合利仁河、永利河,东过温县行沙沟之道以入于河,仿佛济水、沙沟之故渎,沙沟通济之迹当可于此求之欤!沙沟通丹之迹亦于郦书考其实也。

《济水注》:济水东径原城南,东合北水,乱流东南注,分为二水:一水东南流,即沇水也,又东南径绛城北而出于温。其一水枝津流注于漠,漠水出原城西北,又东南径阳城东。漠水又东合北水,乱流东南,左会济水枝渠。又东北径波县故城北。漠水东南径安国城东,又南径毋辟邑西,又南注于河。济水于温城西北,与故渎分,南径温城县故城西,南流注于河。济水故渎于温城西北东南出,径温城北。济水故渎东南合奉沟水,水上承朱沟于野王城西,东南径阳乡城北,又东南径李城西。于城西南为陂水,淹地百许顷,号曰李陂。又径隤城(原作坟,赵、戴改)西,又东径平皋城南,其水又南注于河也。《经》言济水东至温城西北,又东过其县北,屈从县东南流,过隤城西,又南入于河,是《注》之故渎即《经》之经流。是济之入河,班固所言于武德入河者,行沙沟水也。《水经》所言者,行奉沟也。道元所言,则又新渠耳!

考图验地,知溴水入河通济以东,沁水石门以南,津渠交错,有朱沟、奉沟、沙沟,有济水故渎,朱沟枝渠,有光沟、界沟、长明沟、白马沟,汇沁、丹诸水以南注于河、北注吴泽。自泽东出为八光沟,以合清水,倘皆古河北之荥泽也。则荥泽跨大河南北、据地衺广审矣。沙沟合沁水于武德入河,为班固辈所谓之济,适当于阴沟水故渎于卷县出河,为杜预辈所谓之济,南北相对,则以入河之济为出河之济可也。《水经》言汳水出阴沟于浚仪县北,《注》谓丹沁乱流于武德,绝河南入荥阳合汳,兼丹水之称,斯则又以河南之丹即河北之丹也。《经》言汳至蒙县为获水,《注》言获水亦兼丹水之称,《竹书纪年》曰宋杀其大夫皇瑗于丹水之上。盖汳水之变名也,丹、汳音近,在周为丹,在汉为汳耳。丹、沁之合,古仍谓之丹,后乃谓之沁,实则丹之源固远于沁,沁水于春秋谓之少水,丹名盛于昔,沁名之显固在后也。

《春秋》于襄二十三年见少水,襄十六年见溴梁,成十七年见洹水,淇澳见于《诗》,皆大河以北之小水也。淇河间于古为交通频繁处,乃他水胥清河流盛源长为巨川,当孔道,而清水不见于昔,知古固无清水,倘清一道即古河所游荡,清河即黄河也。《宋史·河渠志》李垂言:自汲郡东推禹故道,挟御河,较其水势,出大伾、上阳、太行三水之间,复西河故渎,北注大名、馆陶南,于魏县析一渠,径

衡漳直北,下出邢、洛如《夏书》,过洚水东注易水,其始作
自大伾西八十里,曹水所开运渠,东五里引河水,正北稍
东十里,径牧马陂,从禹故道,又东三十里转大伾,西通利
军,北挟白沟,北径清丰、大名,西历洹水、魏县。……大
都河水从西河故渎东北合赤河而达于海。然后于魏北发
御河西岸析一渠,正北稍西六十里,广深与御河等,合衡
漳水,又冀州北界深州西南三十里,决衡漳西岸,限水为
门,西北注滹沱。垂又言:自卫州东界曹公所开运渠东五
里河北岸引之,正北稍东十三里,破伯禹故堤,注牧马陂,
凿大伾西上酾为二:一逼大伾南足,一逼通利军城北曲河
口,至大禹所导西河故渎。于此见禹河故渎,李垂言之至
明。所谓大伾西曹公所开运渠,即《河水注》所谓有宿胥
口旧河水北入处,《淇水注》所谓右合宿胥故渎,渎首受河
于顿丘县遮害亭东,魏武开白沟,因宿胥故渎而加其功
也。李氏所谓挟白沟、历洹水……(下缺)

　　谅溟梁以东,少水以南,八光沟以西,皆古河北之荥
也。杜氏于闵二年《传》注云:此荥泽当在河北,《竹书》洞
泽即荥泽也。杜殆疑河北之荥泽应从《竹书》洞泽为是。
而洞泽之详,杜不能说。案之古籍,荥泽即洞泽,非有二
地。《书序》言:汤归自夏,至于大坰。《史记》作泰卷,邹
诞生本卷作洞,泰卷者即后之卷县,沸出河处,荥泽是也。
《山海经》言:王屋之山,联水出焉,西北流注于泰泽。郭

景纯云:联、沇声相近,沇即济也。泰泽泰卷,沇通荥泽,知荥泽固即泰泽,所谓泰卷也。于《墨子》书谓之大水,盖泰泽、大水即泰卷,泰洄、大坰即《竹书》之洞泽,而实即荥泽也。

录自稿册,原稿各节相接,然所论非一事,故抄写时隔以空行。约作于 1941 年至 1944 年间。

汉潺亭考

　　《蜀中广记》五十四于盐亭云："秦亭也,梁大同始县。"又云："废方安县,李膺《蜀记》云:灵江东盐亭井,古方安县也。《周地记》:梁大同元年于此立亭,因为县,而方安废矣。"斯盐亭之置,沿于方安。而方安之名,于汉唐皆无所考见;秦亭之说,更无闻焉。《太平寰宇记》于盐亭云："董叔山在县东九十步,高一里,隔潺江,孤峰绝岛,峭壁千仞,旧名潺亭山。隋开皇四年,县令董叔封尝游宴于此,后人思其德政,号曰董叔山。"是盐亭旧有潺亭之名,远在隋开皇前。《汉书·地理志》:广汉郡涪县"潺亭"。《续汉志》广汉郡涪县刘注引《巴汉志》曰:"屚水出屚山。"岂涪之潺亭,即在盐亭,故曹氏有秦亭之说耶?《水经注》言:"梓潼水自县南径涪城东,又南入于涪水。"梓潼水既径涪城县,潺亭接梓水,则盐亭自属于涪县也。《寰宇记》谓:"罗江县本汉广汉涪地,晋于梓潼水尾万安故城置万安县,李雄之乱,移就潺亭,今县城是也。"梓潼水即汉之驰水,于唐为射水,出梓潼五妇山,经盐亭至今射洪右会于涪;罗江县有水入中江县,古称五城水,于三台县左会于涪。东西县绝,今罗江县何缘得涉梓潼水?则《寰宇记》之误也。然以此足知梓潼水尾有万安县,后乃移就潺亭,则是《蜀记》《周地记》之方安,乃万安之误,萬之别体为万,传写不察,讹为方耳。方安既实为万安,则由梓潼水尾移就潺亭,决盐亭之即古潺亭。潺、盐乃一音之变,潺亭著于《班志》,此正所谓秦亭者也,是曹氏之说,为有所本。《寰宇记》八十二:"梓州,《禹贡》梁州之域,秦为蜀国盐亭地,两汉属广汉、巴二郡。"此当即秦亭之说所自出。惟秦汉为潺亭,非盐亭,殆后人误改之耳。《蜀中广记》五十一称李膺云:"晋于梓潼水尾万安故城置万安县。"复云:"晋末乱,移就潺亭。"则《寰宇记》所云悉本诸李膺之《记》。膺既曾为涪令,其记万安事,地固相接不过百里,说晋事于梁时亦近,不过数十年,诚可信据。然后人误李膺万安之说于今罗江者,殆亦有故。晋末移梓潼水尾之万安于潺亭,至梁大同元年立盐亭而万安废,有盐亭无万安也。《隋书·地理志》言:"新城郡盐亭县,西魏置盐亭郡,开皇初废,有高渠县,大业初并入焉。"又云:"金山郡万安县,旧有潺亭,西魏改名焉,置万安郡,开皇初废。"晋之万安在今盐亭者,于梁时已废,西魏则为盐亭郡。而金山郡之万安在今罗江者,西魏时始有万安之名。然李膺所言,自应为晋时之万安,原在梓潼水尾,若西魏时今罗江之万安,诚非李膺之所得论。后人徒知在后魏始立之万安,而不知在梁已废之万安。因误取李膺之说,系之罗江,罗江安得涉梓潼水,李膺安得记西魏事,其为缪误,不俟烦言。《江水注》言:"洛水又南径洛县,刘备自将攻洛,庞士元中流矢死于此。"是士元死在雒县。今考士元死处为落凤坡,在罗江县西十五里,近在咫尺,是今罗江于汉属雒而不属涪。《汉志》潺亭在涪而不在雒,则安可以潺亭为在罗江,是诚《寰宇记》之妄也。李氏惟言万安以"晋末乱,移就潺亭",《寰宇记》则云:"李雄之乱,移就潺亭。"考之《华阳国志》,梓潼郡领县五,固无万安。稽诸常氏《序志》言:"肇自开辟,终乎永和三年,凡十篇。"道将书无万安,知晋置万安在永和三祀以后。而李雄之乱,在晋惠时。桓温灭蜀,乃适在永和三年。《寰宇记》取李膺书不能详审,于"晋末乱,移就潺亭"一语,妄以李雄实之,不知讫李势之灭,尚未置万安,焉得先已有移就潺亭事?况李雄时何可言晋末?此《寰宇记》袭取李膺说而妄为改易,是其诞谩未足为据。至桓温灭蜀,始稍增置郡县,著在《晋·地理志》,意者梓潼水尾万安之建,宜在此时。《益州记》所谓"晋末乱,移就潺亭"者,盖为谯纵之乱,乃可以言晋末。以纵之始祸,起于五城水口。毛璩至略城闻变奔还成都,纵遂袭杀毛瑾于涪城。而刘敬宣伐蜀,与谯道福相持拒于黄虎者六十日。地皆接于梓潼水尾。《方舆纪要》且云:"略城在盐亭西南。"是咫尺之间,战伐频仍,此正万安移就潺亭时也。李膺所谓,当指谯纵,时刘裕已兴,乃可以云晋末。至大同元年,梁樊文炽围晋寿,在广元。魏傅敬和降,遂复东益州。梁兰钦攻南郑,魏梁州刺史元罗降,遂复汉中。汉中之没于魏者,于此已三十年,然后江左声灵,乃复振于蜀土。废万安置盐亭,适在此年,知区区一县之废置,寻诸史籍,皆有所由。《周地记》所言,当可征信。然云"大同元年于此立亭",而潺亭实沿于秦汉,斯殆失据。《寰宇记》引《周地记》作"大同元年于此亭置县,因井为名",则曹氏征文之误也。至误梓潼水尾之万安于后之罗江,尚不自《寰宇记》始。万安之名,先属盐亭而后移于罗江,潺亭之名,因亦自盐亭而移于罗江,则唐修《隋书》固已如此。刘昭注《志》所称《巴汉志》"潺水出潺山",潺亭既为盐亭,则潺水、潺山,自应于今盐亭求之。潺亭临涤江,是涤江即潺水也。潺山即涤江所出之山,亦自可决。刘昭既梁人,于潺亭所在,自不容误。《寰宇记》以涤江自阆州西水县来,考今之涤江,源于剑阁之元山。一方居民,尚称之为盐山。是潺亭既变而为盐亭,潺山亦变而为盐山,又变为元山,皆一音之转,则元山即潺山也。又涤江者,乃唐以来之名,由《李膺记》言之,梁时涤江称灵江也。《水经注》言:"涪水出刚氐道,东南流径涪城西,王莽之统睦矣,自此水上,县有潺水,出潺山,本源有金银矿,洗取火合之,以成金银。潺水历潺亭而下注涪水。"杨守敬图《水经》,以今自安县来之

安昌河当之。按道元《涪水注》最不实,如于潺水下言:
"涪水又东南与建始水合,水发平洛郡西溪,屈而东南流
入于涪。涪水又东南径江油戍北,邓艾自阴平入蜀径江
油、广汉者也。涪水又东南径南安郡,又南与金堂水会,
水出广汉新都县,东南流入涪。涪水又南,枝津出焉,西
径广汉五城县为五城水,又西至成都入于江。"此其所言,
颠倒纷错无一实。五城为今之中江县,有水自罗江来经
中江,所谓五城水,至三台县入于涪。谓此水西至成都入
江,其妄岂足辨耶? 盖道元北人,于涪水经躔,原非所察,
徒以《汉志》涪有潺亭,因姑系潺水于涪县当下而已。《华
阳国志》二:"梓潼郡涪县:潺水出潺山,其源出金银矿,洗
取火融合之为金银。"审道元之文,即本之《常志》。《常
志》仅谓涪有潺水,未明著其方位,涪地至广,何可遽以于
涪城来会之安昌河当之? 道元所言既本之常氏,而以安
昌河当之可乎? 且以潺水即安县之安昌河,事固有绝不
可者,《梁书·刘季连传》:"巴西人赵续伯反,有众二万,
出广汉,季连遣李奉伯由涪路讨之,奉伯别军自潺亭,与
大军会于城,大破之。"涪于今为绵阳,沿涪趋广汉,于今
为射洪,别军出潺亭,为沿梓潼水以会于涪水,即会于广
汉城也。若潺水为安昌河,则在涪水上游。由涪趋广汉
为向东南,别军出安昌河,是反向西北,本期会师,而背道
以进,揆诸情实,有是理耶? 考安县于晋为晋兴、益昌二
县,及西充国分地,西魏省晋兴入益昌,后周别置金山县,

开皇四年,省益昌入金山,西充国则开皇六年改名神泉,于《唐志》绵州有龙安云:"本金山县。"有西昌云:"以益昌县地置。"有神泉则仍隋旧。宋省西昌入龙安,元置安州,以神泉、龙安省入,明降州为县,为安县,果潺水即自安县来之安昌河,而晋兴、益昌二县,明著于《宋》《齐》二志,斯其建置,皆远在郦氏属注之先。果潺水即安昌河,道元胡为不言水出益昌或晋兴,则其非安昌河,不足疑也。况安县既已不属于涪,而道元仅言:"自此水上,县有潺水。"是明以水出涪县。则其非自晋兴或益昌来,事更明著焉。得以为即安昌河,乃求此水于今之绵阳,渺不可得。是道元既不知潺水,且亦不知今之安昌河,故徒言历潺亭而下注涪水。于水之在涪东或其西,不能指实,而漫言其下注涪水,不知潺水注于驰,固不注涪,是徒因《汉志》潺亭之文,姑取《华阳国志》之说系之明矣。后人又姑以安昌河当之,而未知道元果以为即安昌河者,则不可言县有潺水及山也。凡道元于南方水地,谬误实多,而蜀为甚。如《漾水注》言:"强水东北径武都、阴平、梓潼、南安入江。"此王先谦所谓"山川隔越,无相入之理"者也。《江水注》言:"江水又东绝绵洛,径五城界,至广都北岸南入于江,谓之五城水口。"此李文子所谓"初无相干,舛误甚矣"者也。又说夷水分江自鱼复,皆虚妄不足论。唐人修《隋书》,既误以西魏之万安即晋宋之万安,因移潺亭于今之罗江。后人又复以《水经·涪水注》之潺山潺水,并移之于罗江。《蜀中广记》于罗江言《旧经》云："有唐开元二十四年立潺亭碑,文字磨灭,尚有潺亭二字。宋嘉祐间宋彦嘉访古迹碑仆田中,其潺亭二字,亦不复睹。"传讹袭误,乃至如此。《郦注》之潺水不涉罗江,后人又移其山水于罗江。杨守敬图《水经》亦著潺亭于此,斯又显违道元。则以依违《郦注》《隋志》之间,进退失据,益无取焉。兹一以李膺之书为主,凡《郦注》《隋书》以来之误,皆可冰解冻释而无疑。李膺为梁武帝同时人,《南史·邓元起传》言:"涪令李膺有才辩,武帝悦之,以为益州别驾,著《益州记》三卷。"《隋书·经籍志》:"《益州记》三卷,李氏撰。"而《后汉书注》《元和郡县志》《太平寰宇记》《太平御览》,并引李膺《益州记》,《寰宇记》剑南东道又屡称李膺《蜀记》,是《蜀记》即《益州记》,兹又称《李膺记》,本自一书。说万安、潺亭事,无先于《益州记》者,固足据也。《李膺记》之方安为万安之误,既如前释。而求之《晋书》,梓潼郡有黄安无万安,与《李记》不合,斯殆《晋书·地理志》之误,于《宋》《齐》二书《地志》,梓潼皆有万安无黄安,则《晋志》之误,自无待辩。《隋·地理志》普安郡云:"黄安旧曰华阳,西魏改焉。"黄安之名始于西魏,则晋时安得有黄安?《方舆纪要》言:"齐侨置华阳县,梁改曰梁安。"《舆地广记》言:"梁置梁安县,周武帝天和中改梁安县为黄安,唐末改黄安为普成。"所述至悉。黄安即普成,后省入剑州,故城在今剑阁之王家河,地当盐亭之北。倘唐修《晋书》不察,因误万安为黄安耳。其在晋宋,尚未有黄安之称也。罗江之万安始西魏,是《晋》《宋》《齐》三志之万安,自在盐亭,而潺亭之果为盐亭又审矣。至《李记》所谓"梓潼水尾万安故城"者,则以移就潺亭之新治而言耳。自昔地志纷错既多,又失雠校,董理岂易言哉。

《后汉书·臧宫传》:"宫与公孙述将延岑战于沈水,大破之。"《水经·梓潼水注》:"昔臧宫自江州从涪水上,公孙述令延岑盛兵于沈水,宫大破岑军,沈水出广汉。"地在今射洪县,正涪水合梓潼水处。《元和郡县志》云:"通泉县沈水,北自盐亭县界流入,延岑盛兵沈水,臧宫纵击大破之,即此也。"知道元所云广汉县之沈水,为盐亭流入通泉注涪之水,即今杨桃溪也。通泉元省入射洪。《元丰九域志》及《舆地广记》并云:东关县"有鼓楼山杨桃溪"。而东关为宋分盐亭置,明沈水为出自盐亭之水。是盐亭纵小县,而水之见于汉者有三,曰驰水,曰潺水,曰沈水,是固一邑之光也。《太平寰宇记》云:"黄浒水源从盐亭县东南流入通泉县合涪江。"《舆地纪胜》《舆地广记》并以黄浒水即黄虎,是臧宫、延岑战处,即刘敬宣、谯道福战处,固先后一喋血地。汉之沈水于六朝为黄虎川,即宋以来之杨桃溪,同为一水。盖源出盐亭而于射洪县入涪江,固无别水可以当之。沈水在唐固盐亭水,及分盐亭置东关县而杨桃溪在东关,元省东关入盐亭,于是沈水复在盐亭也。《水经注》:"高祖置广汉郡于乘乡。"又云:"雒县有沈乡。"《华阳国志》云:"广汉郡本治绳乡,安帝时移涪,后治雒城。"王先谦谓:"乘、绳、沈一音字变。"《方舆纪要》于射洪云:"县东南百里汉广汉郡,本治广汉县之绳乡,后移涪,又移雒。"是沈乡原在今射洪,即以沈水得名。乘乡固东关境也。《太平寰宇记》言:"东关县本盐亭雍江草市也,伪蜀明德四年,以地去县远,征输稍难,寇盗盘泊之所,划乐平等三乡立招葺院。乾德四年升为县,从古东关原地之名,从本州知州张澹之所请也。"则东关之置,为割盐亭之三乡。所谓"从古东关原地之名"者。《寰宇记》:"盐亭,废宕渠在县西北三十二里安乐村。李膺《蜀记》云:宋元嘉十九年置西宕渠郡,领县四,宕渠、宣城、汉初、东关是也,梁天监中废。"《方舆纪要》谓宕渠为高渠之误,而不知宋齐间以獠祸之故,宕渠人西徙,侨置郡县于此,故有盐亭为东关原地之说。高渠之置在北周,李膺不得记高渠也。及元至元二十年省东关入盐亭,宋之东关有桃杨溪,省东关而杨桃溪入于射洪。则在昔盐亭南境,以东关之置废而旧壤以狭也。《舆地纪胜》言:"西充县,唐武德四年析南充,及梓州之盐亭,及阆州之南部置。"则盐亭之东境,以西充之置而旧壤又狭也。《寰宇记》言:"梓州,《禹贡》梁州之域,秦为蜀国盐亭地。"梁以上盐亭原为潺亭,此殆后人妄改之失。是今之三台亦为盐亭地,而盐亭西境又以狭。明时秋林驿犹属盐亭,及清初而始入于三台,是以今视明时,境又狭也。《寰宇记》言:"永泰县,唐武德四年巡检皇甫无逸以四境遥远，又多草寇，遂于当州盐亭、剑州黄安、阆州西水，三县界村置此县，以永泰为名。"《新唐地志》及《舆地广记》并同。《元和郡县志》亦作黄安。《新唐志》云："剑州普成，本黄安，唐末更名。"而《旧唐志》云："分盐亭、武安二县置。"是武为误字，唐无武安县也。黄安后并入剑阁，西水并入南部，今南部之西河区域，即古西水地。《宋会要》云："永泰县，熙宁五年省为镇，入盐亭。十年复置，建中靖国初改名安泰。《图经》云：绍兴初复为县，未几复废。绍兴三十一年复置永泰县。"而元又省入盐亭。永泰之置，初为划分三县界村，及永泰之废，惟云并入盐亭，然以西水一隅言之，今全为南部地。则永泰既废，三县之境，皆复其旧，故西水入南部，而西水流域之地，毕入于南部也。南部之富村驿，明时固为盐亭地，当亦唐宋旧境。至清初而富村驿入于南部，则盐亭北境以富村之削而又狭于前也。则古之盐亭，为侈然一大县，八到所届，皆逾百里。以梓州为秦蜀国潺亭地言之，则地更辽阔。兹姑就盐亭旧壤，以考潺亭旧壤，殆秦汉时郪水以上，涪江东岸，均为潺亭，殆方二百余里。秦汉之世，亭有二制。一为乡亭，一为边境之亭候。潺亭殆蜀境邻巴之亭候耶。《华阳国志》江州有龟亭，此亦巴境邻蜀之一亭候也。

战国时巴蜀封疆约可考见。就《读史方舆纪要》求之，今江安、富顺、长宁，皆汉江阳县。今永川、大足，皆汉江州地。今合川、武胜、铜梁及安岳之一部,皆汉垫江县。今南部、南充、西充,为汉充国县。今苍溪、阆中,皆汉之阆中县。今广元、昭化,为汉葭萌县。今剑阁为汉梓潼县,今盐亭为广汉县。然由《水经注》言"梓潼水自县南径涪城东,又南入涪水"论之,是应为涪县。今遂宁、蓬溪及射洪之一部,为汉广汉县。今资中、内江、隆昌、荣昌及安岳之一部,皆汉资中县。充国、阆中、垫江、江州、江阳属巴郡,由此而东,皆巴国也。葭萌、梓潼、涪县、广汉属广汉郡,资中属犍为郡,由此而西,皆蜀国也。秦灭楚、魏,为楚郡、魏郡,巴、蜀二郡,即所灭二国境也。《华阳国志》益州以蜀郡、广汉、犍为为三蜀,巴郡、巴东、巴西为三巴,此巴蜀境地之大略可言者。《巴志》又言:"高帝乃分巴置广汉郡,孝武帝又两割置犍为郡。"盖江阳初属巴郡,武帝改属犍为,此犍为割巴之可考者。《巴志》言:"其地西至僰道。"今江安西接南溪,为汉之南广县,属犍为,庆符为自南溪分出,皆原僰道地。故巴接于僰,应劭注《汉志》云:"故僰侯国也。"而广汉亦分巴郡,则事有难考。以形势衡之,分巴为广汉,自应在广汉东境。则垫江而上,巴蜀当以涪江为界,分争之势,固不得不然也。而今遂宁之一部,及蓬溪一县,并为广汉地之在涪江东岸者,则以汉既置广汉县于今遂宁,因割巴郡地益之,斯固统一之后于势亦不得不然者也。《寰宇记》云,有"郪王城",岂郪水一道,别有国于巴蜀之间,而为后之广汉欤?要之,蓬溪近在充国肘腋,此其为广汉分巴之显然者,舍此不可得分巴为广汉之迹也。合川青石山,李膺《益州记》言:"昔巴蜀争界,久而不决,汉高八年,一朝密雾,山为之裂,自上及下,破处直若引绳,于是州界始判。"此正垫江、广汉二县之界。若巴蜀二国,应自有界,汉高八年始判者,此正汉高分巴益蜀之证,则蓬溪及遂宁涪东地,旧为巴地明矣。《蜀志》及《水经·江水注》以高帝六年置广汉郡,《晋书·地理志》同,至八年始判,故云争久不决。审是知水之入于蓬溪赤水者皆巴地,而水之入于盐亭、射洪杨桃溪者皆蜀地,以地形论之,盖自西水县以东,南迄东关,凡水之入于涪者,悉为蜀地,亦即漾亭之域,此漾亭固蜀之亭候也。《华阳国志》言:"巴子后治阆中。"巴蜀相攻,自巴趋蜀,以争边徼,而漾亭固为战伐频仍之地。《华阳国志·蜀志》言:"蜀王别封弟葭萌于汉中,号苴侯,命其邑曰葭萌焉。苴侯与巴王为好,巴与蜀仇,故蜀王怒伐苴侯,苴侯奔巴,求救于秦。"《巴志》言:"蜀王弟苴侯私亲于巴,巴蜀世战争,周慎王五年蜀王伐苴侯,苴侯奔巴,巴为求救于秦。"而秦实因此以灭巴蜀。以苴侯之故,巴蜀世战争,巴子后治阆中,葭萌在今广元,祝穆《方舆胜览》云:"剑门,汉广汉郡葭萌县地。"知巴蜀之战自在北境。蜀境之突出于涪江以东者,皆巴之所争。苴据剑门以北以合于巴,而漾亭遂为重镇。《蜀故》言:"康熙二十九年,四川巡抚以剑门驿路,久为榛莽,入蜀由苍溪、阆中、盐亭、潼川,以达汉州,率皆鸟道"云云。王父吉庵公与剑阁李申夫同游白剑蚨先生门下,又于剑之嘉氏、温氏,皆为通家。以故于剑阁南部境壤接处,往来者数,穷山磴道,略皆知之。尝言盐亭至阆中,旧经茶亭及涨江寺,以至南部之分水岭,达于阆中,驿路马栈,犹有存者,往时曾见之。此道循涨江行可百里,以今证古,知潼阆之间,古官道可径出潺水,则古昔巴蜀之争,潺水一道,为驰逐之区,固非虚也。则盐亭今诚蕞尔一小邑,而水地之著于《汉书》者三焉,岂偶然哉? 其在战国,殆为战争之中心地。及秦汉混一,而潺亭为腹心,为涪县东境,其为冲要之故,乃不可见。此考潺亭属地之形势,合之巴蜀二国之边境,虽书阙有间,而其事固可推而知也。

至盐亭县治,李膺云:"灵江东盐亭井,古方安县也。"知城在江东。今城乃在江西者,《寰宇记》云:"负戴山,一名高山,废高渠郡城也。"盖周保定初置高渠郡,依负戴山麓,自在江西,隋开皇末废郡为县,县亦寻废,盐亭县城乃由江东移于江西,则以因高渠旧城故耳。自唐以来,县城皆在今地,实自周保定始。《元和郡县志》云:"盐亭本汉广汉县地,梁于此置北宕渠郡及县,后魏恭帝改为盐亭县,以近盐井因名,隋开皇三年罢郡属梓州。"此谓魏始称盐亭,说与《李膺记》不合,或《李记》原作潺亭,后人误改为盐亭,《梁书·刘季连传》作潺亭,《周书·宇文贵传》作盐亭,则《元和志》之言非虚。是大同始县,仍名潺亭,后魏恭帝乃称盐亭也。惟《寰宇记》言："梁普通三年于汉宕渠县置北宕渠郡。"有始安为今广安，有流江为今渠县。若依《元和志》言，则梁有两北宕渠郡，是不若依《李膺记》作西宕渠为可据也。至《李记》之称灵江，又当有说。今县东北三十里有灵山，涧谷泉源所汇，下注渧江。《清一统志》谓之小沙河，则灵江即小沙河也。河源出南部县境，梁天监二年置南部县，知是后由阆中走盐亭，道出南部。自富村以下，皆傍灵江。则南部置后，新道以灵江为重。梁魏争蜀，梁天监四年夏侯道迁以汉中叛降于魏，魏遣邢峦征梁益。晋寿太守王景胤据石亭，峦遣将击走之。巴西太守庞景民据郡不下，郡民严玄思附于魏，攻景民斩之，峦使李仲迁守巴西。梁遣鲁方达戍南安，峦遣统军王足击破之，遂入剑阁，鲁方达、王景胤三十九人皆败死。足破梓潼，逼涪城，梁州十四郡地东西七百里，南北千里，皆入于魏，蜀人震恐。既而王足引还，遂不能定蜀，巴西人亦斩李仲迁首以城归梁，于是争战历三十载，大同元年而汉中乃复归于梁。及萧循以汉中降魏，剑北皆失，盖又历二十八年而尉迟迥取蜀。梁之巴西在阆中，涪城在绵阳，南安在剑阁，晋寿在广元。邢峦上表于巴西、涪城，皆再言之，明为两地。《蜀鉴》以巴西在涪城，是未知于时梁之巴西仍在阆中，后乃改置巴西于涪城。是则凡今梓潼、剑阁、广元、阆中，皆为魏有，而绵阳、三台、盐亭、南部遂为梁魏之边，孤悬于敌。知灵江一道，实为兵要。况以巴西叛服,尤属不恒,则情势之急,益可概见。梁时灵江为重,李膺称潩水为灵江,诚非无由也。灵江由东北流趋西南,李称灵江东,正为江之东南。梁魏为南北之争,梁置县在江东南,周置高渠县在江西北,又形势之必然者。灵、潩二水,合流以趋县城,自可互受通称。战国时巴蜀之争,由阆中走盐亭为古道,出潩水,故潩水为著。六朝时梁魏之争,由南部走盐亭为新道傍灵江,故灵江为著。前为东西之争,后为南北之争,势固不同,盐亭遂为枢为轴。《寰宇记》:"盐亭县,负戴山在县西,高二里,自剑门南来,其山龙盘虎踞,起伏四百余里,至此屹然蹲峙。"盖一邑之山,适当嘉陵、涪江分水之脊,丛冈坂折,属之大剑,深谷回阻,水流悍急,故梓潼水于汉曰驰水,于唐曰射水。因其流急如奔箭,在宋复见湍水。盖以势居刚险,塞扼冲要,其为攻战所争,岂偶然哉?魏废帝三年,宇文贵镇蜀,开府李光赐反于盐亭,围攻隆州,在阆中县。唐元和中高崇文讨刘辟,亦自阆州趣梓州。宋宝祐二年西川帅余晦城紫金山,在县北十五里,蜀之要地也,蒙古帅汪德臣袭取之。明末张献忠北拒清兵,遂毙于凤凰山,在县东西充界上,西充为唐分盐亭地置。况黄虎沈水,复控内水之冲。秦汉而来,山水著见者多,胥是故也。

前论梓潼水尾万安之置,宜在桓温灭蜀之后,兹考梓潼水尾,于汉为广汉县,后汉析阴平置德阳,原在后之龙安。晋太康中乃移治于今之射洪,则以处流人也。李特时置德阳郡,永和中废,改属遂宁郡,正为桓氏克蜀之后,《寰宇记》:"晋穆帝永和十一年置遂宁郡。"所属小溪县在遂宁,巴兴县在蓬溪,亦永和十一年置。废德阳,置万安,殆即在是年。谯纵之乱,遂宁移于石岬,而万安亦于时移就潺亭。梁大同元年置盐亭而万安废,梁亦于是时置通泉县,即在今射洪,事之相因固如此,皆历历可证。西魏时始置射江县,土人讹江为洪,后周从俗,改县为射洪,北人之野朴至足鄙。以视梁之潺亭,后魏恭帝改称盐亭,因盐井为名,其事正同。是盐亭之名,始于后魏,又可验矣。求诸邻境之故而盐亭事益可见,故附之简末焉。

王士祯《蜀道驿程记》:

康熙十一年闰七月二十二日,小憩香潭子,南部县界,土人云:"自献贼乱后,惟南部蚕桑丝枲之利,甲于川北。"雨行六十里抵柳边驿。二十三日雨行四十里,次天马山富村驿,杨文忠公诗:"才到富村风景别,竹林松径是人家。"今豺虎窟穴耳。窗外即荒山。二十四日雨行,午次盐亭县。县东北里许,石壁奇峭,俯临一溪曰涨水。溪东为屏亭山,水自阆州来,径城东南合梓潼水,水源出剑州阴平废县,历梓潼县至盐亭城南,云溪水出城西来与之合,三水同流入涪江。《郦注》"屏水出屏山,历屏亭下注涪水"者也。又鹅溪在城北,亦流入涪,溪上人家,以绢为业,坚洁异他处。文与可诗所云鹅溪绢也。杜诗："云溪花淡淡，春郭水泠泠。全蜀多名士，严家聚德星。"县有德星、春郭二桥以此。县城堞已毁，居民尚数百家。冒雨出南门，渡梓潼江，缘光禄山行，即杜光禄坂诗所谓"山行落日下绝壁"者也。又三十里登蟾毒山，险恶殊甚。雨中望四山林木鬖髿，暝色渐合，令人心悸。下山行十五里次秋林驿，在深箐中，目前种种如地狱变相，恐非复吴生画笔所办。人家十余，结茅竹在箐中，土人云蛇虎虽多，与人无害。

方象瑛《使蜀日记》：

康熙二十二年八月二十三日，次柳边驿，颇多居民。晚次富村驿。二十四日，由灵山铺至盐亭县。川北自保宁以下，旧称陆海，明末张献忠屠戮最惨，城廓村镇尽毁，田野荒芜，人民死徙，处处皆然，颓垣废畦间，犹想见昔日之盛。二十五日，抵秋林驿，僧寺佛像最古，小铜佛尤精巧，眉目态度皆有生意，与时制迥异。唐玄宗、僖宗幸蜀，画师巧工悉从，故蜀寺观多名画铸像，皆毁于寇，此犹幸见之。

陈奕禧《益州于役记》：

壬戌之秋（乾隆七年）十月廿二日，二十里富村旧驿，裁丞而设站。二十三日，十里碧山庙，十五里紫荆铺，岩阿群鹿，大者如马，往来于荒田中，止息甚闲。紫荆河南流即鹅溪，子瞻诗"爱煞鹅溪白茧光"，指此矣。自阆南来此，水始有滂薄之势。二十五里盐亭县，宿店。盐亭之南，石岩下有洞，宋文与可少贫时读书于此。盐亭、南部皆有盐井，惟南部多至五十二井，盐亭十六，为乱兵所塞，止存其一。二十四日，渡鹅溪，二十里猴子铺，十里庙垭，见虎。稍下有泉涓涓左出路旁，土人相传水不可饮，及视壁间，有甘为霖刻蟾泉水毒石碑诗，戒人勿轻酌，泉能杀人也。过梓潼水即射洪，潼、涪合流，急如箭奔射，蜀人谓水口为洪，故名之。十里秋林旧驿，宿店。自蟾泉至驿，山境林木复密，驿南有金刚山，松柏竹树交荫，群峦环列，清溪曲流，前朝缙绅卜筑者二十余家，今并无居人矣。峰下有广福寺，复修于明洪武时，谪官王成德揽据胜概，幽悄可以安禅，寺后高阁，藏经满架，终夕群虎逐鹿，鸣声绕林不绝。

　　按：明清之交，剑路芜塞，至清康熙二十九年始复通。王、方二氏入蜀，皆在旧道未复之前，故出阆中；渔洋于康熙三十四年再入蜀，著《秦蜀驿程记》，遂由绵阳，以剑路已复也。陈奕禧入蜀，所谓壬戌之秋，为乾隆七年，以其与王、方二氏所述,颇相符应,故并取之。三《记》于阆道荒残之情,叙之至悉,不徒记道途所出足资考证而已。明时富村、秋林两驿,皆属盐亭,兹所采撷,亦备取焉,于时一县之故,遂如目睹。三《记》皆由南部至盐亭,而彼时驿路为由阆中径至盐亭者,固以潺水一道,视灵江为径耳。《盐亭县志》称献忠至盐亭不妄杀戮,以获孝廉张泰阶故。张氏幡然一老,方负母以逃,询得其情,献忠抚鞍大笑,曰吾张门固有孝子,故县得不屠。文通家世居县北,临潺江,自明嘉靖、天启以来,碑碣犹有存者,足征《县志》所述不诬。献忠遂以毙于境上,所谓将死其言也善者也。而三《记》所叙草木榛狉,蛇虎逼人之概乃如彼,岂以民氓奔动,遂致邑荒人散耶?佳兵不祥之患,诚足畏哉!清初驿路由潺江,倘以去富村官道差远,人犹安堵,旅宿之供,尚易得耳。其间亦颇有明时巨室,乱后人或于荆棘中往往得之,知其存者之亦幸矣。则三《记》所叙,不仅可以识官道迁革之故,乱后衰残之景,亦足以裨邑乘所阙。至所称山水,每有不合,则以访求不实,考证偶疏,以非兹篇所究,不复辨析。

附一 《盐亭县志》书后

盐亭有志,始于明弘治间,见《千顷堂书目》,而《内阁大库书目》言之稍详。谓县教谕潘缙撰,缙武昌举人也。

书久亡佚,不可考见。清顺治间,邑孝廉张泰阶惜前《志》之亡,作《古盐志略》。乾隆间县令董梦增得旧《志》残篇云:"约为嘉靖中物。"遂重修之。而邑进士陈书谓:"升庵、玉垒、方洲三太史之所辑,此蜀志之源流也。昔思一见旧本不可得,康熙丙子在京师见万历《杜志》于人家,爰摘录《潼川志》一册。"是皆前《志》之权舆耶! 嗣是邑令吴竹城,郡守张松孙,皆重修之。同治间,邑孝廉张鹏翮等又作《续志》,董修曾得旧《志》残篇,而张、陈两家书,倘亦有裨焉,故于唐宋人物故实,尚为详备。则以文献未坠故也。嘉靖作《志》,事未可考,倘即《潘缙志》耶? 文通年来稍治蜀故,于县故实,间得一二。《蜀中广记》《寰宇通志》二书,皆作于弘治后。斯二编者,殆多取方志成之,而所记多今《志》所未及者,或本之潘缙书,而后来无识者或削之耶?《志》于唐有严休登进士第,词气豪赡。复有严公弼,亦登贞元五年进士,弟公觌,俱有时名,皆严震之子。《舆地纪胜》言:"严震之子公弼,建中中为凤州刺史,治行为山南第一。"又李湛亦盐亭人,《志》云:"其先饶阳人,湛曾祖为射洪丞,因家永泰。"湛,义甫子也,封郡王,《唐书》有传。于宋有牟衮,字君华,端拱二年,陈尧叟榜进士(《太平治迹统类》二十八言:雍熙二年得进士陈尧叟等一百八十六人),廷试第七,以文章名,累官翰林学士,有诗文集行于世。《蜀人物志》言:衮,中江人,天禧间致仕,以著书自娱。《曹记》又以衮为安岳人,《志》谓:"天彭人多岳先生,自孟蜀时授徒于普,衮受学于多岳先生,及卒,衮率诸子弟葬之,为立普应庙。"盖《志》以君华游学于普,遂误以为安岳人也。《安岳旧志》因之以衮为端拱丙戌进士,丙戌者雍熙三年也。《安岳新志》知其非,以端拱元年为戊子,径臆改之为端拱戊子叶齐榜。然《寰宇通志》言:"端拱二年,陈尧叟榜。"与《宋史》尧叟传合。《宋史》又讹二年为三年,翻借此志以订其误字。以端拱无三年,其三年乃淳化之元年,岁叙庚寅。《盐亭县志》旧著牟衮,张松孙削之,未是也。衮后有用中、义先、积中、学先兄弟,皆仕显,号曰一门四桂。《张志》削君华而留四桂,于义何居?《张志》增汉冯绲诸人,此为大误,而反津津言之。汉之宕渠,不涉盐亭,盐亭于宋齐始侨置宕渠,张据宋齐之县,而牵引汉之宕渠人入之,其为瞀乱,乃至如此。张澍《蜀典》以宋有蹇驹,不言所本。按驹,字少刘,小字蟾客,绍兴十八年三甲第七名进士,此则见《绍兴十八年同年小录》。又《绍兴十八年题名录》言:"蹇驹,潼川府盐亭龙池乡龙池里人。"以驹为盐亭人,事固有征。驹有《缙云先生冯时可庙碑》及《采石瓜州毙亮记》,斯其佚文之可求者,《冯碑》末著朝奉郎雅州军事沿边都巡检使,此则其仕履之可知者。《舆地纪胜》言:"赵蕤,盐亭人,今祠堂即其故宅。"《记》言:"赵蕤,盐亭人。好学不仕,隐于梓州长平山,玄宗屡征不就,李白尝就学焉。"此足解赵征君为梓州人之疑也。既曰李白尝就学,又言"县有濯笔溪,太白从征君习书处也"。《广舆记》言："蘧笃学不仕,与白为布衣交,《梓州志》称其人杰。"王阮亭引杨天惠《彰明遗事》云："潼江赵蘧任侠有气,善为纵横学,著《长短经》。"斯皆《乾隆志》语焉不详者也。《志》言："董叔山旧名潺亭,隋开皇中县令董叔封游此。"《记》言："开皇四年,董叔为县令,勤课农桑,首建学校,德政著闻,暇游凤凰山,后人思之,号为董叔山。"《十道记》言："董叔山,隋开皇中县令叔封,高雅之士,去官之后,民咸思其德,因指此为董政山。"所记各有详略。县有浴丹井,在治东,昔易元子浴丹于此。《志》谓:"唐王祀号易元子,为东川狱吏,多阴德。遇异人授灵丹于长平山,后仙去。"此皆《乾隆志》略而斯志较详备者也。《三台志》以易元子为王昌,则又不同。《舆地纪胜》又云:"易元子王昌遇,郪县人,夫妻好道,遇异人授丹诀,曰汝宜称易元子,唐大中时登州院市傍碧梧仙去。大观间赐号保和真人。"而《夷坚志》云:"潼川王藻为狱吏,日暮怀金与妻,妻疑受贿,尝遗婢馈食有失,藻讯婢,引杖而逐之,将出门,妻曰:君为推司,日持钱归,我固疑为锻炼成狱,姑以婢试,安有是哉?藻大悟,取笔题壁,曰:'枷拷推求只为金,转增冤债几何深。从今不愿顾刀笔,放下归来游翠林。'辞役弃家学道,飞升,政和间赐号保和真人。"王藻固即王昌遇,其赐号究为政和抑大观,则传闻各异,要为一人也。又记述隋张峻夫斩蛟事,亦较悉,云出《神异记》。又《方舆纪要》云:"略城在西南,晋末益州刺史毛璩东讨桓振于江陵，至略城会谯纵作乱，奔还成都。"
又云："金紫山在县北十五里，一名紫金山。"宋宝祐二年
西川帅余晦以紫金山蜀之要地也，遣都统甘闰以兵数万
城之，蒙古将汪德臣选精卒衔枚夜进大破之，遂据其城。
城即在灵江一道。此皆旧《志》所未及。《志》又云："县
学，唐贞观间建，宋元因之。定光寺在县治西北，僧会司
在焉。"斯皆有裨于闻见，撮记于此，以待后之赓志乘者取
信焉。

　　上论《盐亭志》，溯源于明潘缙，兹考《舆地纪胜》于县
之女徒山，引《旧经》述女徒捍贼事，与今《志》文合，知
《志》之更导源于宋也。明清又从而袭之。王氏又称《旧
图经》引岑象求《赵严记》云："东汉以来，人物可见者仅数
人，其间以礼自持，不应辟命者，殆居其半。"此正说赵大
宾事，而今《志》无之。则以清世所得，非明《志》之完编故
也。《纪胜·形势》中云："梓州出赵蕤之智术，陈子昂之
文章，所谓人杰地灵。"自注："赵蕤，盐亭人，笃学不仕，与
李白善，故黄庭坚云云。"象之说如此，谅必与《图经》相应
而后可，此亦足补前文之所遗。象之书谓："《旧图经》李
宗谔序，《新潼川志》刘甲序。"此二编者，王氏书恒引之。
又云："《梓潼古今记》，淳熙间孙汝聪作。《梓潼风俗谱》，
元祐间石庆嗣作。"二书为记潼川事，潼川隋唐为梓州，又
称梓潼郡，故书以名焉。此皆有关于《盐亭县志》之源流
者也。清初张、陈诸氏，殷勤搜访，而明《志》终不可复，惜

哉。明末乱后，士大夫尚以访求故志为事，诚以学绪未坠，亦可记也。孙汝聪，眉山人，作《成都古今前后记》六十卷，又作《眉州志》。而李宗谔别有《开州图经》《重庆图经》。《宋·艺文志》李所撰图经九十八卷，又七十七卷，其述作诚富。此仅云序者，《宋志》有袁观《潼川府图经》十一卷，李之所序，倘即袁观书耶？刘甲亦别有《清化前志》，其《续志》则李钧撰，清化为今南江县。是诸先生者，固宋世之勤于著述者耶！蜀在宋代，史学特盛，方志之多，非偶然也，斯独非一邦之光乎？文献之传，所可借资于前哲者，亦云厚矣。余往者以《营山志》事，搜讨累年，始得县之明《志》于郇范氏，为万历间王廷稷撰，书固本之于正德，溯之于成化，而远源于《咸安志》，因赓之以为书。盖以文有其实，学有其源，逞俭腹而肆虚辞，将何以免于后贤之诮。嗣更追溯《咸安志》，辑其佚文，虽所得不过三数十条，仅数千言，然强半在明《志》外，亦稍可以资补益。乃知明人妄删前文，斯为巨失。盖宋代方志之学，蜀中最盛。一时作者，皆非率尔操觚。事丰义远，胥足以资后来之求。以文通之寡闻浅见，旧所考知者，无虑百种以上。《宋·艺文志》之所载者，犹未及其半，倪灿所补，殊无足观。当时僻远山陬，亦皆有志。如史宪《茂州图经》，李嗣文《雅安志》，王寅孙《沈黎志》，则今之汉源也。杨熹《龙门志》，则今之龙安也；复有《续志》，未知即《宋史》王向弼之《龙门记》三卷否？有邹孟卿《宁武志》，则昭化也。《大宁图经》,则巫溪也。长宁有贺寅东《志》,有《续志》,有《图经》。阆苑有朱涉《记》,有何求《前记》,董无忌《后记》,王震《新记》,《宋史》惟著王书三十卷。夔州、重庆各有四五书,他更可知。其书之多者,或三四十卷,少者或五六卷,或二三卷,佚闻旧典,往往而在,后之来者,其可以深长思也。近世宥斋刘氏作《双流足征录》,所以补旧志之阙者,多至七卷,义趣深远,足绍宋贤之绪,诚一代之雄乎!余今论盐亭事,竟短促不成篇,岂前献之果无征,将亦搜讨未勤之咎耳。《赵岩记》谓:"东汉以来人物,仅有数人。"意者当时必别有说。盐亭始建于梁,在汉则属于涪与广汉二县,二县人物,见于《常璩书》者为多;汉县地广,其人必有属于盐亭者,而今不能考,其在唐宋,必当有说,故《岑记》云然。以当时二县人物各十数,何得云仅有数人,则又非指广汉或涪言之也。王象之纪:"东台院在盐亭县,郎中任伯傅于山上建亭,读书十年,而兄弟子孙登科者十余人,其孙任源有记。"意宋之为志者,必能悉言之,今已不复可知。《元丰九域志》云:"盐亭县九乡,何店、白马、宕渠、临江、鹅溪五镇,六盐井,有浦泉山、盐亭水。东关县三乡,四盐井,一铁冶。永泰三乡,大汁、永丰二镇。"《元和郡县志》:"永泰县大汁盐井在县东四十二里,又有小汁盐井、歌井、斜井。"亦为旧志所不载,并补记于此。以上诸篇,皆非定稿,以乡之旧好,促付剞劂,勉为写出,复索稿还,更为补缀改订者屡矣。岂云旧志所佚,仅止于是，倘迟以岁月，勤奋赴之，或有所就也。别辑《潆亭文征》二卷，待续刊。

民国三十八年仲秋文通识于澹飔阁

　　昔闻诸井研龚先生，谓修《营山县志》，依《水经注》以决今之流江河为《禹贡》之潜水，精解创获，凿凿不可易，使人惊叹，于后亟思搜求先生文字，乃多已湮散，积年无所获。及文通于役营山，始得先生《县志稿·疆域沿革考》一篇，纵横博辨，决事锋锐，前之作方志者，未有此法也。今夏雨潦横集，闭户多暇，略师其意，就所知作《潆亭考》，将以贻之乡人。而学疏识陋，终病未似，高山向往，力不能至，人之识量相去，亦何远耶！马君仲乾以乡之缙绅先生闻有此篇，多欲传录，亟持稿去，付之铅椠，以供读者之求，因取《盐亭旧志书后》一篇并附之。校印将竣，复取龚先生《四川郡县通志稿》核之，以求是正，乃各所持论，多未能合。《通志稿》博收约取，拾坠钩沉，最为卓绝，昔之为通志者，亦未有此法也。《营山志稿》以一县为主，而纵论各代。《通志稿》以分代为主，而横论诸县。立论之体不一，为表之式亦殊。施各有宜，而法亦随异。通人着笔，与众自殊。以视嘉庆《旧志》，徒钞《一统志》者，相去岂不霄壤间哉？惟《省通志稿》浩穰殊甚，博搜之功诚多，而稽决之趣盖寡，至每失检照，不免牴牾，兹以涉盐亭事言之。蕞尔一县，于北周既为盐亭郡，领盐亭、高渠二

县;又复有高渠郡,领高渠县。弹丸尺壤,同时遂有二郡
二县,理似难通。以一县而属之二郡,更事所必无。盖
《隋志》惟言"西魏置盐亭郡,开皇初废",略周置高渠郡未
言,此正可据《寰宇记》以补其阙。以《隋志》于齐梁建置,
言之多略,非只一事。殆周析盐亭置高渠县,因改盐亭郡
为高渠郡,开皇初郡废,大业间又以高渠县并入盐亭,其
始末固如此,惟可据《乐史》以补《隋志》之略,讵可增高渠
于盐亭之外,致有二郡二县,促处一邑之中?《寰宇记》以
县有废宕渠县,引"李膺《蜀记》宋置西宕渠郡,领县四,宕
渠是其一也"。不言梁有置北宕渠事。《元和志》言县于
"梁置北宕渠郡,领宕渠县"。此当即西宕渠之误,宜加辨
正。安有一县而同时领于二郡?况梁于流江既有北宕渠
郡,此复有之,义无所谓。惜《通志稿》并列二郡,资为故
实,于事之当否,概从旧文,不复究论。于宋既列盐亭、永
泰二县,永泰废置不恒,别列为县可也;乃永泰之外,又列
安泰,安泰为讳永字而改,绍兴中仍为永泰,径并列为二
县,事未可钦! 又于《晋志》黄安,知为万安之误,而谓万
安在剑阁西,则仍以黄安释万安,意皆不可解。复于宋齐
二代,皆谓万安在罗江,则又以隋唐之事为说,亦嫌自相
违异。至《西魏沿革篇》中,突谓万安"治今梓潼县北",竟
无佐验。不解先生何为作此不根矛盾之语。于晋、宋、
齐、魏之事,义既纷纭,而稽诸《沿革表》中,皆了无其事。
若斯之类,触目微多,英雄欺人,作戏已甚。凡此诚非末

学之所敢雷同者也。盖《通志稿》勤于搜讨旧文,而于参互错综,鲜加抉析,复沓既多,藤葛滋蔓,以视《营山志》之断割犀利,固未足以聘其逸足耶!抑垂老成书,又寡襄助,事复广于一县,难易有不同耶？要之,先生《井研志稿》,高于《通志》,而《营山志稿》,又高于《井研》,故兹篇所究,虽未合于前修,讵敢舍己从人,以贻貌同心异之诮。以不可学柳下惠之可,庶几污不至阿其所好者也。以《营山沿革考》之法,校论于《四川通志稿》之后,其亦先生之所许耶？稿凡屡易,犹未敢自信其是,俟续有所获,再为刊正,俾成定本。

　　《后汉书·光武纪》:"遣骠骑大将军杜茂屯北边,筑亭候。"李注:"伺候望敌之所。"《西羌传》:"亭燧相望。"《史记》:"筑亭障以逐戎人。"皆谓边敌之亭也。《韩非子》:"吴起为魏西河守,秦有小亭临境,起攻亭,一朝而拔之。"《汉书·匈奴传》:"见畜布野,而无人牧者,怪之,乃攻亭。"《后汉书·公孙瓒传》:"卒逢鲜卑数百骑,乃退入空亭。"皆足证秦时蜀国潆亭正边敌之亭障也。《汉书·地理志》所见之亭尚多,殆皆以备不宾之人,盐亭邻于西水、南部,二县皆自阆中分置,赛人板楯,汉时居于阆中,与潆水相接,汉之潆亭,岂又以备板楯者耶!前说亭候撮略,此更论之。

附二　跋陈御简诗稿

吾乡人著述之幸得传于后者，有三人焉，于唐曰赵大宾作《长短经》，于宋曰文与可有《丹渊集》，于清初曰陈御简工于诗。陈氏诗稿，余先后得见凡三本，其一本旧有题记云："自御简氏书箧中草本录出，尚有涂抹遗迹。"所录诗始甲寅，终丁巳，为《鹃声一集》。始戊午，终己未，为《鹃声二集》，其《二集》首有御简氏小引，则作于己未，时客于邵武之禾坪，末有御简氏跋文，记于癸亥，时客于临江旅次。其一本为陈氏手自改定本，亦始于甲寅，终于壬戌。而癸亥以后之作，则题曰《鹃声六集》。复有《粤游杂咏》，疑是甲子时作。而乙丑、丙寅之作，则题曰《梦笔亭漫草》，中有题康熙二十五年者，即丙寅之岁，终于此也。核之前一钞本，则于一二两集，删汰已多，此当为御简氏删定初本也。其一本出陈氏后人，题《鹃声旧草》。亦始于甲寅，而于乙丑以后之作，题《梦笔亭诗草》，终于丁卯《北上》一篇。视初定本删汰益多，于《鹃声一二集》存者盖寥寥矣。卷首有御简氏康熙癸酉题记云："自甲寅迄于甲子，所存诸体，殆千余篇，顷山居多暇，复删其十之六七，合为一帙。"此固专就《鹃声》前六集言，于乙丑、丁卯间三岁所作，存录者与前十载篇什相埒，诚以少年之作，与后来赏心自得者不侔耶！但《漫草》乙丙间作，于此亦多削弃,则所谓《梦笔亭诗草》,亦经陈氏手自削定,是为癸酉御简后定本也。覆之《一二集》中,知所谓删十六七者,诚非虚语。三本皆具乙改之迹,后定本其间复有圈识,自记云:"无识者置之。"于所谓删十六七中,所存益仅,其精进谦谨,不稍满假,后人望之,能不肃然而心敬耶!御简诗存者无多,虽手自再四删汰,今仍一并存之。以癸酉本定著《鹃声旧草》为一卷,《梦笔亭漫草》为一卷,以仍其旧。其圈识亦并仍之,以存陈氏自定之意。更取初定本,而削其已选存癸酉定本者,为《鹃声诗存》第一卷;复取《鹃声一二集》,而削其已选存于初定本者,为《鹃声诗存》第二卷,都为四卷。御简氏以癸丑秋游七闽,明年从会稽章二水为文字交,遂致力于诗,故三本皆始甲寅。御简以康熙丁卯举于乡,戊辰成进士,甲戌补内阁撰文舍人,擢至礼部郎中,《诗草》终于丁卯北上,知与乡选以后之诗,不在此集,兹所著者固非其全。往者闻邹晨曦君言:"曾于周缉熙案上,见《鹃声集》数巨册。"不知御简丁卯以后诗,在是否?未可必也。倘能访得,以与此三本相校耶!兹三本者,为杜佩绅、张星枢、张尔常三君搜求以贻余者,得依之定著如此。御简丁卯北上以后,其诗之当续求以成完璧者,则冀吾乡人胥引为责,而勤求之也。

附三　《长短经》校后记

《晁氏读书志》谓："《长短经》第十卷载阴谋家，本阙，今存者六十四篇。"袁州本作"凡六十三篇，第十九载兵权阴谋"。二文相校，知袁本殊未是，后来藏书题记，往往征此，误矣。大宾自序言："总六十有三篇，合为十卷，名曰《长短经》。"今书实六十四篇，知未有阙佚，乃晁氏既言第十卷本阙，又谓载阴谋家，未审何据。《通志·艺文略》天文总占类别有《长短经·天文》一篇，则其一卷为天文占候之事，固非阴谋。公武之言，为传闻之误，后之论是书者，宜知所择也。《天文》一卷，旧既别行，则九卷宜为完书，复以《长短经》称，则合之正为十卷，诸言十卷者，盖以此耳。《长短经》近世通行凡有二本：一为周氏《读画斋》所刻，云出旧钞本，备有赵氏自注。一为李氏《函海》所刻，注皆删汰，大非完璧，而文字殊少讹误，视周本为佳。四库著录此书，从传是楼宋本出，未知李氏源于此否？余既略校二家，著其同异，他日能访得旧本更从而校之，则幸矣。

据 1949 年秋盐亭县参议会排印本自用本整理

成都二江考

——附论大城、少城、七桥、十八门

　　成都二江,曰郫江,曰流江,即《禹贡》之江、沱,汉唐以来无异说。今所谓沱由简阳至泸县入江者,在汉为湔水;今所谓岷江正流经崇庆直趋新津者,在汉为鄨江。宋元之世,斯义犹存。清初,顾景范疑二江不得为江、沱,以为李冰之所凿也。胡东樵疑湔为沱,而以鄨为江之正流;然又谓"流江乃冰所创造",而"郫江即《禹贡》之沱。……冰复从而浚深之"。惟二家亦仅作疑词,犹未遽为定论。至清之《一统志》,遂悍然以湔为沱、以鄨为江。曾不思沱水合湔始于刘从易决唐昌沱江以溉九陇,则湔水古不得谓之沱。而揭傒斯说江至金马口过大安桥入于成都为江之正源,是鄨水非江,元时犹未淆。齐氏召南因《一统志》,作《水道提纲》,于是此一拟议不根之辞,翻成一世牢不可破之说,赵一清、杨守敬、王先谦诸巨儒从而和之,莫可底止。余尝究其论,顾氏谓二江为李冰所引,不得为《禹贡》之江、沱,是不然。考李冰为蜀守在张若之后,而其前司马错以米六百万石浮江伐楚,知蜀民有灌溉、蜀土有二江,其来旧矣。善乎章樵之说冰穿二江,谓"其实穿二渠引江水以壮形势,且以溉田耳"。意者不过分二江之水广为沟浍而已。岂谓有此平原以来曾无川渠,必待李冰而后有二江,是诬水地也。杜宇之世,民知稼穑,必待李冰而后知灌溉,是诬农事也。李冰疏浚之,推广之,是则然,若必一切归功于一人而忽众人之世代辛勤,是非显悖于常理之谬论哉!胡氏谓:郫江起止不过三百里,湔江至江阳入江行千八百里,此沱江也,"安得以五城水口之枝津为沱水西合大江之正道哉!"胡氏又以峨眉为《禹贡》之蔡山,谓"蒙山之东唯峨眉高大与之匹"。岂知《禹贡》之例,其于山川,皆以于民生攸关则记之,闻见祭望所及则记之,是以南不记湘,北不记汾,而瀍、涧、灉、沮、潍、淄、漆、沮、沣水,其细已甚,而皆著于篇,则又何疑于流江、郫江之为江沱。殆以其为民庶所聚、耕牧之乡而重之,其它高山大川无资于民用、攀涉所不及者,非《禹贡》记载之所措意也。江、沱之区,膏黍膏稻,沃野浩莽,生人乐土,岂可以其小而遗之?况成都形势,西高东下,江出灌口,泻而东南,为必然之事。江、沱在古,未必不为巨流,李冰导之,皆可行舟,见于记载。入后东面沉积日久,培厚增高,水始缘西山高地而南。则后来之事,古今之变,可以想象而知之。顾、胡之说,有乖常理。清代学者以《一统志》王朝官书之故,茫然群从而和之,专制之毒,有如此者。将亦由思想锢蔽,眼界不扩,未之深察耳。幸今际解放之后,人得接触真理,知创造之基于劳动,而智慧之肇于群众。余前论巴蜀史迹,略述李冰之前已知灌溉,文翁之前蜀固有学,冰特酾之浚之,翁则培之殖之,恢宏之功诚有不可没者,倘谓必始于文、李二人,以湮灭群众之创造,则亦儳耶!何期若兹谬说历久不悟,此无他,封建时代之载籍,一切胥归功于王朝之君臣,敢为诬辞而不怍,民众之辛勤,谁为记之?竟似成都平原古无水道,并此显悖自然规律之谬妄,亦不自察,是则虽史迁所言,讵足据信。然此资料,按以科学之法则,知自然环境亦有待于人力之改造,乃可利用,而历史之真亦由此庶可考见,是以不辞烦碎,钩稽众说,要以求真,以祛前代之惑,作《成都二江考》,至大城、少城、七桥、十八门之类,要以不离民生日用为研讨之准则,其形势所系,亦与二江攸关,故并论之,以质于乐究成都故实之士。

一 二江正名

《史记·河渠书》云:"蜀守李冰凿离碓辟沫水之害,穿二江成都之中,此渠皆可行舟,有余则用溉浸,百姓飨其利。"《华阳国志》云："冰乃壅江作堋，穿郫江、检江，别支流双过郡下，以行舟船。"后人多以此二江为始于李冰，殆非也。李冰不过疏浚二江之淤浅，改正其流而已。《书》云："岷山导江，东别为沱。"《诗》云："江有沱。"江、沱之来久矣。《水经注》云："江水又历都安县，江水又径江源县，江水又东北径郫县下，江水又东径成都县，县有二江双流郡下，江水又东径广都县。……"此以径成都、广都为江水至为明著。《元和郡县志》于成都县下云："大江一名汶江，一名流江，经县南七里。蜀中又谓流江为（悬）笮桥水，此水濯锦鲜于他水。"又云："万里桥架大江水。"于华阳县云："笮江水在县南六里。"于郫县云："郫江一名成都江，经县北三十一里。"于新繁县云："郫江一名成都江，经县西十一里。"于犀浦县云："都江水在县北四里。"于温江县云："大江俗谓之温江，南流经县一里。"于唐昌县（今郫县唐昌镇）云："江水（《太平寰宇记》作都江水）在县西北四里。"于青城县云："大江经县北二里。"《太平寰宇记》于各县注中亦与此略同。《史记·河渠书》正义引《括地志》云："大江亦名汶江，一名笮桥水（原误作管桥水），一名流江（原误作清江），亦名外江，西南自温江县界流来。郫江一名成都江，一名市桥江，一名永平江（原误作中日江），亦名内江，西北自新繁县流来。二江并在益州成都县界。"又引任豫（原误作杜预）《益州记》云："二江者，郫江、流江也。"是唐人说大江经成都无异议。胡渭云："自汉以来皆以郫江为沱水，流江为大江。……然流江实非大江，江原县有鄟江水，近世谓之大皂江者，则岷江之正流也。"《清一统志》因之，亦云："自汉以来皆以李冰所凿经成都者为大江，其南流者为鄟水，转谓之入江。"而汉唐以来旧义于是晦矣。

《汉书·地理志》江原县："鄟水首受江，南至武阳入江。"《水经注》云："江水又径江原县，鄟江水出焉。江水又东北径郫县下。"《水经注》又云："（武阳）有鄟江入焉，出江原县，首受大江，东南流至武阳县注于江。"《元和郡县志》云："唐兴县，本汉江原县地"，有"鄟江，一名皂江，经县东二里"。《元丰九域志》江源县"有郪江"，《寰宇记》："江源县，有郭江，一名皂里水。"郪、郭二字显为鄟字之误。唐宋人不以鄟水为大江，仍为《班志》《郦注》旧义。

班《地理志》于郫县云："《禹贡》江沱在西，东入大江。"道元《禹贡山水泽地篇》："益州沱水，在蜀郡汶山县西南，其一在郫县西南，皆还入江。"《寰宇记》永昌县："都江水在县西八里，《夏书》云：'岷山导江，东别为沱。'《李膺记》云：'沱水入都田江，入成都。'都田江，此水是也。"是证沱水之径郫县、成都，古无异议（惟郑玄疑鄟水为沱，《寰宇记》从之）。胡渭说："郫江之为沱水无疑矣。然皆以灌县西南至广都北岸合流江者为郫江之起止，则所行不过三百余里。今按《汉志》绵虒县：湔水东南至江阳入江，行千八百九十里。《水经注》云：绵、雒二水与湔水合，亦谓之郫江。郫江者,沱水也,既与湔水浑涛,则至泸州入江矣,安得以五城水口之枝津为沱水西合大江之正道哉!《清一统志》因之,齐召南《水道提纲》因之,至今遂为牢不可破之说。然自唐宋以来,未有以湔水为沱者,黄氏《今水经》、顾氏《读史方舆纪要》诸书,亦仅称湔水为资水,为雒水。以湔水当《禹贡》之沱,自胡氏创为疑义,而《一统志》定为水名,于是不根之说翻为不移之义也。

《班志》于绵虒云:"玉垒山,湔水所出,东南至江阳(今泸县)入江,过郡三,行千八百九十里。"班又说:"绵竹紫岩山,绵水所出,至新都入雒。雒水至新都谷入湔。"《说文》云:"湔水出蜀郡绵虒玉垒山,东南入江。"《续汉·郡国志》绵虒道,刘昭注补引《华阳国志》曰:"有玉垒山,湔水所出。"刘逵注《蜀都赋》亦同。是湔出玉垒,会绵、雒至江阳入大江,古无异论。《水经·江水注》言:"洛水与绵水合,又与湔水合,亦谓之郫江也,又言是涪水。"既三水会于新都而后有郫江之名,则郫县、成都以东不能有通湔之迹,道元有误,不待烦言。其云"又是涪水",胡氏岂亦将依之谓三水会后果与涪通乎?胡氏以沱水(指湔水、郫江)为至泸州入江,而谓"安得以五城水口之枝津为沱水西合大江之正道",真为大谬。《水经注》又云:"湔水又东绝绵、洛,径五城界,至广都北岸,南入于江,谓之五城水口。"绵、洛水会为牛鞞水(今简阳县),绝不能再至广都(今双流县),岂胡氏并此而不知耶!道元于《涪水注》言:

"涪水又东南径绵竹县北,涪水又东南径南安郡南,又南与金堂水会,水出广汉新都县南流入涪。涪水又南,枝津出焉,西径广汉五城县为五城水,又西至成都入江。"以今地言之,绵竹县在德阳北三十五里,南安郡治今剑阁县,五城县为中江县。按舆图,绵竹之涪水绝不能东南至南安郡,出新都之金堂水亦不能流入涪,过五城之涪水枝津更不能西至成都入于江。道元北人,当六代分裂之际,不知南方水道,自不足奇。岂胡氏亦将并此而信之欤!以此足知道元书中实有涪水通于广汉、新都之误说,则其以湔水名涪亦自有由。而湔水名郫,于道元书绝无旁证,则郫江或即牛鞞之误。《元和郡县志》金水县:"中江在怀安军西北,源从汉州弥牟、雒水、毗桥等三水,会本军金堂县,合为一江。"可知郫江为毗江之误,而涪水则传说之差也,胡氏据以立论,谬矣。

郫江之为沱水,与湔水源流各别,于汉晋之代皆不见有相通之迹。至唐"武后时,长史刘易从决唐昌沱江,凿川派别,合堋口埌歧水溉九陇(彭县)、唐昌田",见《新唐书·地理志》九陇县。《寰宇记》九陇县有"两歧山,在县西北二十七里,本埌歧山,语讹为两歧山也,(有)两歧水。"知郫、湔二水上游之通始于唐世。至南宋乾道间,彭守梁介修复灌溉之利,则九陇、唐昌、濛阳也。郫县、崇宁(唐昌)以东,郫、湔两水下游,绝无相通之理,以威凤山界于两水之间,山北地属新繁、新都,地实卑下,南北水系截然不紊,宜矣。《华阳国志》卷八:"(大安元年)八月,(李)特破德阳,(李)流次成都北上,李骧在毗桥。"既毗桥之名见于晋代,则道元郫江为毗江之误审矣。此水与郫县以下之郫江全无涉,胡氏故作痴昧,据传写之误、绝不可通之说,以郫江既为沱水,而湔水复误为郫江,因为湔水宜即沱江之论,岂非妄哉!

《班志》以湔水出绵虒玉垒山,至江阳入江。而《水经注》言:"江水又径汶江道,又有湔水入焉,水出绵虒道,亦曰绵虒县之玉垒,下注江。江水又历都安县。"斯则以湔水为在都安(今灌县)之上游。《注》又言:"江水东径广都县,湔水又东绝绵、洛,径五城界至广都北岸南入于江,谓之五城水口。"按汉之绵虒在今汶川县,《班志》湔水出玉垒山,实为绵虒之东境,县治则在山之西,湔水出山之东,固无不可。道元泥于县在山西,遂疑水亦在山之西,则固矣;遂移湔水于都安上游入江,斯为误也。又说湔水径五城界,应是因宋元嘉九年以旧五城(今中江县)置新都郡,复于雒(今广汉县)置西五城县(见《寰宇记》)。湔水径五城界之说,以西五城言之,未为不可,至谓绝绵、洛而至广都,则慎矣。涪水原合今中江县之五城水,倘道元惟知西五城而不知蜀汉以来在东之旧五城,遂因(在东)五城水入涪之故,误以五城水在西五城,因并涪水合之绵、洛,谓涪水枝津:"西径广汉五城县为五城水,又西至成都入于江。"洛水且不得通江,况涪水乎?倘"西至成都入于江"

之文为广都传写之误。《初学记》卷六引任豫《益州记》说:"郫江,大江之支流也,亦曰涪江,亦曰湔水,在蜀与洛水合。"任豫,宋人,刘昭注《郡国志》已引其说,道元之误,宜本之任豫。任氏既为益州作记,不应大误如此,又不应于此反遗绵水。疑任氏书涪水为绵水之误。盖历叙蜀水,谓大江之外有郫江,又叙其一乃绵水、其一曰湔水,在蜀与洛水合,则无失也。岂两"亦"字又"一"字之讹误欤!道元依此误本,致涪、洛、江三水綦为一道,胡氏反据以立论,妄矣!《蜀王本纪》云:"鱼凫畋于湔山得仙。"汉湔氐道在今之松潘,湔水出玉垒在今之彭县,然则大江(岷江)以东、岷源以南、止于灌口之山系,胥曰湔山,入后曰玉垒。郭璞《尔雅音义》言:"沱水自蜀郡都安县湔山与江别而东(原误作更)流。"(《禹贡》正义引)是沱分江处本曰湔山,《水经注》于此有湔堋、湔堰之名,知名以湔山,非涉湔水,沱于此分江,非谓湔水于此通江也。

郫江、流江即《禹贡》之江、沱,自汉唐以来无异说,元揭傒斯犹能明之,所撰《大元敕赐修堰碑》谓南江:"东至金马口,又东过大安桥入于成都,俗称大皂江,江之正源也。"至胡东樵始创湔至江阳入江宜为沱、酂至武阳入江宜为江,《一统志》殆从之,而郫、流二水即江、沱之旧义几无知者,一若李冰之前成都无水道,岂其然乎?乃胡氏复不能自坚其说,又云:"李冰所穿之二江,一是流江,乃冰所创造;一是郫江,即《禹贡》之沱,时必淤浅,冰复从而浚之，遂并数为二江。”则是所谓“穿二江成都之中”者，遂有只穿一江之奇说。陈乔枞辈从而信之，讹误相承，莫可底止。胡氏谓：“郫江之起止所行不过三百余里，(《禹贡》)特记沱、潜，潜自广元至巴县入江行千余里，沱自灌县至泸州入江行千五百余里，实为州界两大川。”胡氏释“蔡、蒙旅平”说：“蒙山在名山县西。”依《元和志》诸书立义，不误。谓：“今志有蒙山无蔡山。……就蒙山以求(蔡山)，其唯峨眉乎？蒙山之东唯峨眉高大与之匹，旅平岂独遗此。”胡氏必以高山大川释《禹贡》，喜为不根之论，而不知《禹贡》之录小遗大之别有其义也，凡《禹贡》于高山大川所遗者多，于小山小水翻为累见，如荆、岐、底柱、陶丘、大伾之为山，瀍、涧、潍、淄、灉、沮之为水，皆所谓其细已甚，而皆著于篇。凡《禹贡》所详，乃在雍、冀、兖各州之南，而豫、徐、青各州之北，自渭首以迄南河，由济以迄于海，东西一线，盖自昔为居民密集之区，此线以南及此线以北，于其山川泽地，实皆疏略，其为居民鲜少，殆可无疑，而渭、济、南河即小山小水著记较多之区，其它则菏、泗南下一线差有记录。此无他，诚以于人民生活有关者则记之，闻见望祭所及者则记之，非此比者，一皆阙如。苟明乎此，则梁州水泽与民生有关者固为流江、郫江，此实为《禹贡》之江、沱，自有至理，湔水、鄢水虽较大，谅非其比。胡东樵实未晓然于此，乃徒逞臆说以更旧义，何足尚也。

《夏本纪》集解引郑玄说：“蔡、蒙在汉嘉县。”自唐孔颖达、司马贞并云:"蔡山不知所在。"求之《山海经》:"崃山,江水出焉,东流注于江。"郭注:"邛崃山,今在汉嘉严道县,南江水所自出。"又云:"崌山,江水出焉,东流注于大江。"郭注:"北江。"毕沅、郝懿行并以"蒙山即曼山,沫水经此,或即郭所云北江"。以形势言,崃山、蒙山、沫水、邛水,皆地近相接。崌山旧无释,以蒙山释崌山,为沫水所出,诚无不可,刘昭引《华阳国志》:"有沫水从西来,出岷江又从(四字疑衍)岷山来入江,合郡下青衣江入大江。"沫水出岷山,即北江出崌山,足证崌山即岷山。岷又作"嵋",《山海经》之"崌"字,应即"嵋"字之坏;正如《竹书纪年》之"乾荒",《山海经》作"韩流"耳。自《山海经》外群书未有言崌山者,知崌山、崃山即岷山、蔡山,崃、蔡则以韵近。叶少蕴以周公山释蔡山,此即崃山之系,固无不可也。

《海内东经》云:"大江出汶山,北江出曼山,南江出高山,高山在城都西。"《水经注》系崃、崌二山于蚕陵县之下,汶江道之上。郝氏以曼、高二山释崌崃二山,即本于道元。然据郭注,出崌山、崃山者,即沫水、邛水也(详《山海经笺疏》卷五),谓沫水、邛水于汶江道之上入江,可乎?刘昭注《郡国志》,于汶江道下引《华阳国志》曰:"濊水、骁水出焉,多冰寒,盛夏凝冻不释。"高山、曼山当成都西,则濊、骁二水宜为自此两山出之南、北江。《班志》于汶江县云:"江沱在西南,东入江。"道元于此云:"江水又东别为沱，开明之所凿也。"入岷江之水实多，近志或以孟董沟当之，固无不可。至汶江之即岷江，道元不知，而以别出玉轮坂之他水当之，惑矣。《山海经》记蜀地山水详于《禹贡》，可深玩哉！

《禹贡》言："岷、嶓既艺，沱、潜既道，蔡、蒙旅平。"此实为梁州与中原交通之一道，亦即梁州文明所在之区。《史记·五帝本纪》："青阳降居江水，昌意降居若水。"司马贞说："江水、若水皆在蜀，即所封国也。"《大戴礼记》作："青阳降居泜水。"《元和郡县志》温江县："泜江在县西十里。"《诗·召南》："江有汜。"《尔雅》："决，复入为汜。"疑泜即汜也。《水经》："若水，出蜀郡旄牛徼外，东南至故关为若水。"注谓：昌意"降居斯水为诸侯，娶蜀山氏女，生颛顼于若水之野。……若水东南流，鲜水注之"。《吕氏春秋·古乐》亦言："昌意生自若水。"知昌意之国应在鲜水入若之上，而当邛水、沫水之西。《诗》《书》著江、沱、蔡、蒙，《山经》著邛水、沫水、崌山、崃山，又记高山、曼山及南江、北江，应即潎水、騩水，并此泜水、若水，则上世蜀中开化之区不难推测，而所云蜀王黄帝后世，亦可互明。考之《常志》，说杜宇"更名蒲卑"，"治郫邑"，知郫之得名以卑，即以杜宇之故。则蚕陵、蚕崖为蚕丛之治，蚕丛为青衣神，抑青衣国耶，事亦宜然。而灌江、观坂又宜为柏灌之治。鱼凫在温江，有鱼凫故城，至开明乃治成都。其发展先后之迹显若可求，而蜀与中原文化之交流亦已旧矣。及开明以荆人而西来，秦以落后民族入关中，而蜀遂与东夏间隔，翻于楚为近也。《山海经》《禹本纪》所述自为南方一系之传，降居沴水、若水之说每与北传情事不合，似若可疑；文化发展之殊，固无足异，亦各安所闻而已。《禹本纪》以昆仑盖天地之中，《山海经》说："海内昆仑之墟，河水出东北隅以行其北。"又说："黑水、青山之间，有木曰若木，若水出焉。"又说："若木生昆仑山西。"是则天地之中者，乃在今雅砻江上游以东、黄河以南，是为昆仑所在，苟非蜀人必不为此说。《山经》又云开明兽立昆仑上云云，则知《海内经》《禹本纪》为开明一代之书，郭注云："言海内者，明海外复有昆仑山。"是昆仑之说始于蜀，后乃传而益远，而山又亦以益远。知若水、昆仑，固岷江间人始为是说耳。前论巴蜀史，未考及此，因并记之。

整理者按：另有《略论〈山海经〉的写作时代与产生地域》一文，载《全集》第一卷《儒学甄微》，可参。

二　二江故道

李冰穿二江成都之中，任豫说："郫江、流江也。"汉时成都为县名，知二江皆至此县。《括地志》说："大江一名汶江，一名笮桥水，一名流江，亦名外江。""郫江一名成都江，一名市桥江，亦曰内江。"殆皆随地易名。刘渊林注《蜀都赋》云："江水出岷山分为二江，经成都东南。扬雄

《蜀都赋》曰：'二江珥其前。'"道元引《蜀都赋》同。知二
江原皆在成都之南。刘注屡引扬氏《蜀都赋》，知此赋之
传盖早，而汉晋人皆以二江在成都之南可知也。《古文
苑》扬雄《蜀都赋》作："两江珥其市，九桥带其流。"文字与
郦、刘二家所见本略异。群书皆言"七桥"，汉光武谓吴汉
"安军宜在七桥连星间"是也。后代桥已多于秦汉，岂俗
本据现见环城之桥言之，改"七"为"九"，复改"前"字为
"市"，致有异同耶！《元和郡县志》于成都县云："流江经
县南七里。"于华阳县云："笮江水在县南六里。"笮江即流
江、外江，此亦外江必在城南之证。《寰宇记》："汶江一名
竺（笮）桥水，一名流江，亦曰外江。"同于《括地志》。知郫
内而流外，郫北而流南。道元叙郫江虽多误失，然其以大
江（流江）为南江、郫江为北江，则不易也。吕大防《合江
亭记》云："所谓二江双流者，沱（郫）旧循南隍，与江（流
江）并流以东。唐高骈斥广其城，遂塞縻枣故渎，始凿新
渠，缭出府城之北，然犹合于旧渚。旧渚者，合江故亭。"
他如吴师孟之《导水记》、李新之《后溪记》、何涉之《縻枣
堰刘公祠堂记》，皆尝论之，亦与吕同。而欧阳忞《舆地广
记》言之最悉，于双流县下云："外江在今罗城之南、笮桥
下；内江在今子城之南、众安桥下。自唐乾符中筑罗城，
遂作縻枣堰，转内江水从城北流，又屈而南与外江水合，
故今子城之南不复成江。"唐以来二江之迹遂非秦汉之
旧。乃杨惺吾氏作《水经注图》，绘郫江于成都城北，此岂

唐以前之迹欤！于是秦汉二江之流，似竟与宋明之流无别。又别作《成都桥图》，于是李冰之桥径有在高骈河上者，诚笑柄也。

顾氏《读史方舆纪要》引《元丰志》云："二江旧皆从城西入，唐高骈筑罗城，遂从西北作縻枣堰，塞故渎，更凿新渠，导外江绕城西而北，内江绕城西而南，下流仍合于旧渚；旧渚者，合江亭也。"胡氏《禹贡锥指》亦引此文，仅无首一句，而云见宋《元丰成都志》，杨惺吾《水经注疏》亦引之，文全同顾书，惟损益三数字，则又称《九域志》。今考之《元丰九域志》，则无其文。且此之记载，于《元丰九域志》体例亦殊不合。大观续修之志，朱竹垞所谓："府、州、军、监均有古迹一门，盖民间流行之书。"其题辞称《新定九域志》，盖不得谓之"元丰"。北京图书馆所藏《新定九域志》各本，亦都无此文，斯知其两不相涉。而顾氏称《元丰志》云者，实不可知为何书。胡氏所云《元丰成都志》者，亦复无据。宋熙宁时赵抃帅蜀，始修《成都古今集记》，绍兴间修《续记》，淳熙间三续、四续，称《丙记》《丁记》，皆相续为之。明彭韶《四川成都志序》略论及之。章樵注《古文苑》在绍定间，所引有《成都志》，当即《舆地纪胜》所引《成都志》袁说友序者。袁说友序《成都文类》在庆元五年，《文献通考》载：嘉泰二年修撰建安袁说友进《高宗实录》二百二十卷。则袁序是庆元、嘉泰间作，不闻元丰成都有志。彭云四记后无纂修之者，宣德初陈庭器

"乃修《成都府志》,于古事采四记所言"。成化丙申,黎君
士弦"重加纂集"。知袁书明世已不传,故彭序去尔,而明
人引用两宋间事实为古今四记。且元丰去熙宁曾不十
年,安有《成都志》?有之,亦南渡后袁书耳。此为胡氏袭
取顾书,以文不见于《九域志》而意其为《成都志》耳。吕
大防入蜀即在元丰时,其《合江亭记》全与此《志》异,是
《元丰成都志》之说不足信也。杨氏又称为《九域志》,皆
姑易其书名耳,实非果有此三书也。所以知之者,三书之
妄,何以竟能完全相合而文句又同。其云"导外江绕城西
而北,内江绕城西而南",与《舆地广记》《括地志》诸说皆
不合。由《元和志》《括地志》诸书言之,内江为郫江,乃北
江也;外江为流江,乃南江也。今云"外江绕城西而北",
是以南江自温江来者导之行于城北;云"内江绕城西而
南",是以北江自郫县来者反导之行于城南。安有是理?
以成都形势言之,北高而南卑,引外江北上,实不可能。
若然,则二水交又合于成都久矣,奚必待至合江亭哉?斯
显为顾氏引文"内""外"二字互易宜矣。乃胡氏从之,杨
氏又从之,其为同出一源,殆亦可决。苟非然者,此一不
符情理之谬误,何以三家所取之书能相同而引文又适相
合如此耶!倘元丰之世,诚有三书同以郫为外江而以流
为内江异于一切之论,则此说必为宋代所争论之一事,如
欧阳忞《舆地广记》之类所考论者亦博,其说内、外江显与
此殊,何为曾无一语及此?顾氏引章如愚《山堂杂论》云:

"外江、内江之名,前后凡三见:大江为外江,涪为内江,此不易者也。湔水入雒为外江,流江入江为内江,此自成都府言之也。郫江对大江而言,则大江为南江,郫为北江;对流江而言,则流江又为外江,郫为内江,此即成都一城言之也。流江实兼内、外之称,各因所指立名,似相杂而实不相溷也。"由章氏所论言之,实无郫称外江、流称内江如所谓《元丰志》,或《元丰成都志》,或《九域志》之说者。顾氏喜取明人方志,流俗之书,实多谬妄无稽之说。乃胡、杨窃取之而改易其书名,自欺以欺人,于郫外、流内之谬说曾不之察,又从而转相贩衒,失于检照,诚可惜也。

顾氏所云《元丰志》者诚一不可考究之书,而郫外、流内之误说所由始似若可寻。《方舆胜览》三江条(应为二江)云:"一名汶江,一名流江,经县南七里。蜀守李冰穿二江成都中,蜀中又谓流江为笮桥水,《皇朝郡县志》:初,太守(冰)凿离堆,又开二渠:由永康过新繁入成都,谓之外江;一渠由永康过郫入成都,谓之内江。高骈未筑罗城,内外江皆从城西入;自骈筑城,遂从西北作糜枣堰,外江绕城北而东注于合江,复回内江水循城南,而与外江水俱注。"郫、流二江原在城南,流又在郫南;以距城远近言之,郫内、流外,斯不易之理。祝氏书既言流江经县南,与《括地志》《寰宇记》诸书合,乃所引《郡县志》云外江绕城北而东注,是以流江为在城北,与祝氏之说自相违戾,显为引文中外、内二字传本误倒。至《皇朝郡县志》,考之

《宋史·艺文志》,有范子长《皇州郡县志》一百卷,盖即此
书。四范、三牟为南渡后期蜀中之能言史者,范氏代有名
德,为成都人说成都事,更不容误,传刻之讹,毫不足疑。
于地形言之,流江无行于城北之理,谅范氏亦必无此失。
乃元人袭取祝书为《大元混一方舆胜览》,明人作《寰宇通
志》《明一统志》,清乾隆、嘉庆再修《一统志》,非仅有取于
祝氏之书,亦显征《宋郡县志》之说,且书之体例一遵祝氏
与王象之《舆地纪胜》,而与《元和郡县志》《元丰九域志》
诸籍迥然不同。此一误说遂以祝书故,淆错于明清二代
之间,莫为之辨。《元史·河渠志》亦以内江在南,外江在
北为说,自明修《四川省志》亦如此,《清一统志》引府县诸
旧志,或然或否,亦莫为辨正。《元一统志》今仅存残卷,
佚文无成都事,以元人揭傒斯文考之,其误与《元史·河
渠志》同。疑《元一统志》已同于祝书之误,明代地方志于
《元一统志》常称《元统志》,犹清人于明人《一统志》称《明
统志》。然则顾氏所引《元丰志》宜为《元统志》之讹,或非
诬也。顾书述南诏事每引《白古通》,乃传本皆误作《白虎
通》,正同此例。清修《一统志》,始于康熙,顾、胡、黄(子
鸿)、阎(百诗)实与其役,皆一时重望,书成则在乾隆时,
书中多显为顾、胡之说,如增《括地志》文永平江一语之
类。乾隆《一统志》亦征此《元丰志》文,同于《纪要》所引,
谅即出于顾氏。嘉庆《一统志》之袭乾隆《志》自不待论,
亦征此文而易书名为《九域志》,似以所谓《元丰志》者即

《元丰九域志》也。曾不思各书自有体例，《元丰九域志》得有此等文字耶！顾引《元丰志》"二江旧皆从城西入"一语，宋人用此语凡三四见，谓从城西来耳。乾隆《志》擅改为"二江旧皆从府西入城"，狂乱一至于此。官书诚不足责，嘉庆《志》袭之而称《九域志》，杨氏又窃取嘉庆《志》文以疏《水经注》，于文之悖谬毫无觉察，使人疑杨氏真见此种《九域志》者，苟以欺人，又何愚也。祝书引《宋郡县志》文字倒误，此后人所当校正勿使贻误于将来，乃元明作者不此之图，而《水利考》之侜至谓："历郫县南及府城南面者曰郫江，过府城北折而南会府城南前江者曰流江。"成都地形西北高而东南下，流江而行城北为势之所不能。不尔，则是以郫为流、以流为郫，两水易位也。顾景范书竟依之谓"郫江在府城南，亦曰汶江，亦谓之内江"；谓"流江在府城北，一名外江，一名清远江"。谬乱至此，真可骇异。顾氏非不读书者，何以显悖唐宋前人之说而不自知。顾氏好论古之兵形山川，乃于南北方位尚不辨，则又何兵家形势之足言。胡书至以郫为外江、流为内江，适与顾说相反，以郫北、流南于地形最合，而内、外之名则与古违异。熊会贞氏于此实有过人之处，依《水经注》以言："北江，郫江也；南江，检江也，即流江也。《山堂杂论》所谓南江、北江则异，其言流江为外江、郫江为内江，是以流江在成都北、郫江在成都南，《方舆纪要》从其说而与此注相反，则所谓郫为北江者，乃流江为南江者也。"熊氏知郫北而流南,深合于《水经注》以来之说,而于郫内流外则疑之,是显依胡氏之误。杨疏《水经注》"二江双流过郡下"一语,已征《括地志》为说,相隔不曾数页,而熊竟忘之,何耶? 如熊氏意以为郫江在北应为外,此惑于所谓《九域志》之故也。高骈以后之郫行城北谓之外江,虽若无大失,而实悖于古,且无其据。高骈以前之郫行于城南则绝不得谓之外江,以于城为近也。《括地志》之说,合于事理,《寰宇记》依之,亦具有本末。熊氏于市桥、江桥、冲治桥,皆知其在北之郫江上,论南北亦最确,独不思市、江诸桥可谓之在外江在城北,而万里、笮桥可谓之在内江乎? 高骈塞縻枣事已见于《疏》中引《九域志》,一人之作,又同在一卷之中,而乖忤若此! 其论《山堂杂论》,是又以不狂为狂也。要之,顾说流在北而郫在南,熊以郫为外而流为内,与元明以来一切之说诚无二致。至先后《清一统志》与四川省府县志所论,自桧以下更何责焉。

顾景范说:"流江过府城北,一名外江,又名清远江。"其言眢乱,不必深究。惟清远江有应辨者,附论于此。成都北门外实为郫江,而清远更在其北。迎恩楼有桥曰清远桥,宋咸平间王均据益州,宋将雷有终败之于升仙桥,进至清远江,遂垒于城北门外,收羊马城,进逼罗城。知宋世清远之非郫江至为明著。然张咏《益州重修公宇记》云:"清远江原在州前,筑罗城开移今所。"则高骈前之清远即在后来罗城之前,故云"原在州前",是今郫江所行即清远之故道。杜光庭《神仙感遇传》言:“始筑罗城,自西北凿地,开清远江流入东南,与青城江(流江)合。”杜与高骈同为僖宗时人,曾仕于蜀,耳目所接有足信者。是罗城之筑,南俯流江,北俯清远,更作縻枣堰,特导郫江以行于清远之故道耳,非骈别凿新道使郫江绕城北而东注于合江亭大为此劳费也。二江既合,水势大盛,乃分清远于后之迎恩楼。赵抃《古今集记》言:李冰“穿三十六江,灌溉川西南十数州县”。宜成都沟洫纵横,自昔而然。骈移清远而北,谅即因旧渠而疏浚之,以分郫江水势,亦知唐时郫江、流江之水盛于后来。五季唐广顺二年,蜀大水,溢入成都,漂没千余家;宋乾德四年,江水腾涨溃(縻枣)堰,蹩西闉楼址以入排故道,百物资储,蔽波而逝(何涉文)。决溢为患之酷,为后所未有。盖二江之流入后益弱,而鄗水之流乃渐盛可知也。唐宋皆以二江为《禹贡》之江、沱,注《尚书》者大率皆然。宋人以鄗江为导江,而《元丰九域志》于眉山、彭山、龙游、犍为悉注云有“导江”,是名大江为导江,盖鄗江之水宋世已盛,此以鄗江为大江之渐也。

顾景范引《元丰志》文,乾隆《一统志》袭取之,嘉庆《一统志》又取之而改为《九域志》,杨氏所引《九域志》即嘉庆《志》文。于“二江旧从府西入城”一句,顾书原作“二江旧皆从城西入”,亦即从城西来之谓,《一统志》易之为“从府西入城”,则益谬。吕大防入蜀即在元丰时,其《合江亭记》言:“沱(郫)旧循南隍与江并流以东。”沱非入城,此吕所亲历目睹者,则元丰同时又安得有二江入城之说。或疑胡氏、杨氏真见有此种《元丰志》《九域志》,而非源于顾书之误者,此又必无之事也。又顾所谓《元丰志》者,校其文句,即多本之吕氏《合江亭记》,则事不得与《吕记》殊,而竟违异若此,其为传写之差,殆无疑也。乃诸家取其文而不察其义,又亦何谓哉!

释二江故道,以吴鼎南氏之说为最善,其谓上、中、下三莲池应旧通为一水,即郫江之故道,校之旧籍,于事为合。陆游言:"成都自唐有江渎庙,其南临江,及高骈大城成都,庙与江始隔。"斯其显证,以庙在上莲池北岸也。此论清人刘止唐盖先发之(《成都石犀记》)。吴氏自有述作,兹不具论。

三　七桥、大城、少城、十八门

唐以前二江之迹明,而秦时七桥之说自可决。《常志》《郦注》并云:"西南石牛门曰市桥,大城南门曰江桥(《常志》无"大"字),桥南(《常志》作"南渡流")曰万里桥,西上曰夷里桥,亦(《常志》作"上",《郦注》作"下",皆误,依《寰宇记》校改)曰笮桥。"桥与门相值,此不移之理,盖皆所以便行人也。出南门曰江桥,此为郫江,再南为万里桥,自为流江,此说之至明无待详论者。万里桥西上曰夷里桥,即笮桥,此沿流江西上之桥,理亦至明。《元和志》

谓"万里桥架大江水",《括地志》谓"大江一名笮桥水",大江即流江,是笮桥、万里同在一水之上也。宜出石牛门渡郫江为市桥,故"郫江一名市桥江";再南渡流江为笮桥,故"流江一名笮桥水"。常氏于《蜀志》言:"其郡四出大道,道实二十里有衢。"又谓:"夷里桥南岸道东边起文学,其道西城,故锦官也。"此所谓道,应即出石牛门之道,南去直通广都(后之双流)。则市桥、笮桥必南北相值。《寰宇记》:江桥在城南二十五步,万里桥在州南二里,笮桥去州西四里,市桥在州西四里,足证市、笮二桥同在一地,分架郫江、流江之上,犹江桥之与万里桥同在一地。四桥分东西各通为一道,以便行人。吴汉伐蜀,由外水(岷江)来,至广都,进战于市桥;桓温伐蜀,亦从外水,是与吴汉同出一道,而进战于笮桥。笮桥、市桥为自广都来北入石牛门之道,此决然无疑者。李冰七桥,旧说参差,由宋至于明清,益纷纭不可理。然于市、笮二桥既明,则七桥亦易论。盖"夷里桥亦曰笮桥",自《华阳国志》后误"亦"作"上",俗本《水经注》又误作"下",则多一桥(杨守敬谓黄省曾本及《通鉴注》引皆作"亦",是也)。《寰宇记》于笮桥之外别出竺桥,亦多一桥。《方舆胜览》又别市桥于七桥之外。自《水经注》妄以升仙桥为七桥之一,而后人因之,遂欲去永平一桥。自祝穆、杨升庵、全谢山、顾千里、熊会贞,皆谬误不可俱陈。惟《舆地广记》能从常璩之说,为最合。至七桥位置,则冯汉骥氏论之最精,于其记王建永陵一文中谓：

> 在唐以前，成都之北面、东面并无大江绕之，历代地志所言甚明。郫江自西北来，至九里堤折而东南，与外江并流。……出南门为江桥，过江桥即万里桥。郫江，江桥所跨；万里桥跨外江，与江桥相值。沿江桥西上为市桥，渡市桥而南跨外江者曰夷里桥。此南面两江之四桥也。出西门曰冲治桥，再西北曰长升桥，再西北曰永平桥，此西面郫江上之三桥也。

所言七桥形势能上应七星，其解精辟为前人所未及。惟其文略，故后来之说犹有异同。余以此意考之：《古文苑注》引李膺《益州记》："七星桥：一曰长星，二曰员星，三曰玑星，四曰夷星，五曰尾星，六曰冲星，七曰曲星。"而《方舆胜览》引《李膺记》则云：七桥者，"一长星桥，今名万里；二员星桥，今名安乐；三玑星桥，今名建昌；四夷星桥，今名笮桥；五尾星桥，今名禅尼；六曰冲星桥，今名永平；七曲星桥，今名升仙"。二者略异。斯李膺溯七星原始之名厘然不紊有足尚者。《常志》《郦注》所叙已是后来随时变易之名。宋刘光祖说："今罗城南门外，笮桥之东，七星桥之一曰长星桥者，古今相传孔明于此送吴使张温曰：'此水下至扬州万里。'后因以名。或则曰：费祎聘吴，孔明送之至此曰：'万里之道从此始也。'"知桥名万里为后来之事,秦汉固旧名长星也。《常志》首冲治桥,为以次自西而东南,复叙冲治桥,则又自南而西北,盖其序也。道元实因之。而后之论者乃多迷失,《元和志》叙述不备,《寰宇记》显有脱遗,惟《舆地广记》能与《常志》相合,李新所论则简略,盖不明。今先以二江与七桥互证,依冯氏汉骥之说按之,触处能合。《括地志》言:"大江名笮桥水(笮原误作"管",依《元和志》改,《元和志》"笮"上衍"悬"字,依此《志》删)","郫江一名市桥江"。知此二桥分架于流、郫二江之上,故水以桥名。《常志》《郦注》并云:"直西门郫江上曰冲治桥,西南石牛门曰市桥,大城南门曰江桥(熊会贞以此三桥为分叙北江,下二桥为分叙南江),桥南曰万里桥(《元和志》谓"架大江水",明是流江),西上曰夷里桥,亦曰笮桥。"冯氏说笮桥:"正当市桥之南,万里桥当江桥之南,四桥二江上,分东西两通道。"此可谓精辟无伦者矣。《常志》又云:"从冲治桥西北折曰长升桥(熊会贞以为叙北江),郫江西上有永平桥。长老传言:李冰造七桥上应七星。"知常氏以此七桥当七星。于下别谓"城北十里有升仙桥,司马相如初入长安题市门"云云(下复出永平桥为衍文,应删,顾校删前一永平桥,殆误),则在七桥之外。道元论七桥,实本之《常志》,独无永平桥,复移升仙桥于"李冰造七桥"云云之前,是郦去永平而以升仙当七桥之一,此为二家异同,后来异论盖始于此。

李膺七桥之说,意者章樵所引为是。祝穆乃以今名释之,未必实出李书。《后汉书》注引李膺说:"冲星桥旧市桥。"则永平显非冲星,此特祝氏之说,不得为李氏之说甚明。以七桥有升仙,其误实始于《水经注》,李在道元之前,未必有此论。李为蜀人,唐前郫江不行于城北,而升仙桥在城北十里,又不在郫江上,岂李氏并此而不知耶!李氏之书应合于《华阳国志》。今祝之所引显依《水经注》为说,合永平于冲星,是又欲牵合常、郦二家之文。李以冲星为市桥,是以市桥为七星之一,祝释七星无市桥,且别出市桥一条,以为在七星之外。凡此皆足证"今名"云者,非李氏说,而为祝说。熊氏翻以为铁案,何耶? 由欧阳忞说七桥,知当时尚鲜异说,后来之论皆不若道将书之得其实也。依道将书言之,知七星之长星即万里,《寰宇记》言:"亦名笮泉桥;员星即安乐。"《寰宇记》言:"南江桥亦曰安乐桥街,宋孝武帝改名。"玑星亦名建昌,应即市桥,以在"夷星(里)桥亦曰笮桥"文上,可以决之也;冲星即冲治;永平为曲星;以道将七桥固无升仙,则尾星亦禅尼,又即长升桥盖可知。其升仙桥在城北十里,则不可在郫江上。宋京镗作《驷马桥记》谓:"象应七星,必其曲屈连属,不应升仙独与他桥相辽绝。"已疑之也。《寰宇记》有昴迁水,下引《李膺记》云:"昴迁水起自始昌堰,堰有两人中流即昴迁(《名胜记》引《李膺记》作"升仙",又"人"作"叉")。"又引《益州记》云:"升迁亭,夹路有二台,一名望乡台,在县北九里。"知"升迁"即"升仙",则"昴迁"显为

"升仙"之误。此水实郫江枝津耳。水与桥皆在县北十里,两者亦合。《舆地广记》列七桥有永平而无升仙,实从《华阳国志》,斯为可据,亦足见七星今名为祝氏之说而欧阳所不知,故不之取,亦未之辩也。李新《后溪记》言:有"笮泉、建昌、安乐、龟化等八桥",知龟化即七桥外之一桥,以李膺说求之,应在东子城东南隅。扬雄《蜀都赋》已在刘逵之先言:"九桥带其流",章樵注于常氏七桥之外即举龟化,而言"其他不可复考",如并龟化、升仙计之,适符九桥之数。以七星形势言之,升仙独远,且在城北,无以应七星,复不在郫江上;以郫江西上有永平桥言之,最得其实。祝氏述《李记》七桥,以永平即冲星,则损一桥,而益一升仙,又别市桥于七桥之外,必非李说,不足信也。况《古文苑注》所引仅有七星之名,李氏原书若此,是为显证。而《方舆胜览》《名胜记》所引,一一以后来之名释之,与李相违,其非李书原有之文,或即祝氏所益,固未可信。熊氏会贞谓之铁案,固矣。《蜀中名胜记》引《括地志》"郫江一名平江"(今本《史记·河渠书》正义引误永平江为中心江)。二江虽随地易名,冲治、市桥间水程最短,不应再易其名。若冲治、长升以往曰永平江,距市桥水程差远,理或宜然。道元叙七桥实取《常志》之文,殆以升仙为相如所题而合之七桥之中,遂并李冰造七桥云云移于升仙之后,理至易见。乃径去永平一桥,此为大非。二家异同,即在于此,亦因以滋后来之惑,世固未知道将书之不可易也。

《公孙述传》注引李膺《益州记》:"冲星桥,旧市桥也。"《常志》《郦注》皆分冲星(治)、市桥为二。市桥之名,先见于《蜀王本纪》,冲治桥值西门,市桥值石牛门,则地亦各异。《寰宇记》于市桥引常璩云:"石牛门曰市桥,下有石犀潜渊中。"又引李膺《益州记》曰:"汉旧州市在桥南,因以名。"而《古文苑注》所引与今本《后汉书》合,岂先时市在冲星后又在石牛门耶? 是各家引《益州记》未能合。二桥相近,皆近州市,事亦有之;或市先在西而后移于南也。《方舆胜览》引《李膺记》所列七桥今名,复无市桥,则诚可异也。张咏《益州重修公宇记》云:"案《图经》:秦惠王遣张仪、陈轸伐蜀,灭开明氏,卜筑是城,方广七里……分筑南北二少城以处商贾。"其说又异,不必论。然市之所在,即商贾之所处,固可以想见。《常志》云:"始文翁立文学精舍在城南。……州夺郡文学为州学,郡更于夷里桥南岸东边起文学,有女墙,其道西城,故锦官也,故命之曰锦里也,西又有车官城。"《初学记》引《益州记》:"锦城在益州南、笮桥东(西字之误),流江南岸,蜀时故锦宫(官字之误)也。其处号曰锦里,城墉犹在。"三城居二江南北,由市桥走笮桥,显为南北交通要道,其盛可知。而市桥、笮桥必南北相值,亦不俟烦言。扬雄《蜀都赋》谓:"自造奇锦,纮缛缛绨,缥缘卢中,发文扬采,转代无穷。……雕镂钳器,百伎千工。"左太冲《蜀都赋》谓:"少城接乎其西,市廛所会,万商之渊。"刘注说:"少城,小城也,在大城西,市在其中也。"工商之繁荣,悉聚于此,殆唐宋犹然。州郡文学号同齐鲁者,亦分在两江南北,一州精华,概系乎兹地。二江贯四城之间,四桥跨二江之上,风物菁华,莫此为盛,可追想也。大江名笮桥水,郫江名市桥江,殆正以二桥一道为最繁荣之故。万里桥又舟楫之所集。在汉,成都七万六千户,仅次于长安,而成都之盛将在此也。

《公孙述传》:"臧宫军至咸门。"李贤注:"成都北面有二门,其西者名咸门。"但《臧宫传》注又云:"咸门,成都北面东头门。"乃同书自为差互。《古文苑注》引《成都志》云:"大城九门,少城九门,唯咸门、朔门秦汉旧名。"亦谓:"西者曰咸门。"则《臧宫传》有误。《常志》言:蜀侯恽冤死,"丧车至城北门,忽陷入地中,蜀人因名北门曰咸阳门"。《御览》引《蜀王本纪》云:"秦王诛蜀侯恽,后迎葬咸阳。"咸阳门应即咸门,此为往来秦蜀北出所由之门。西者曰咸门,说较可从。以唐时由长安来之官道原在成都西北,薛涛所居即在其近地,汉晋郡守皆在少城,商贾走集在少城,故官道出此。又城之北固饶池沼,《常志》载:有万岁池,"城北又有龙堤池,城东有千秋池,城西有柳池"。《水经注》继此下言:"西北有天井池,津流径通,冬夏不竭,其园囿因之。"《方舆胜览》言:"万岁池在府北十里。"将以沼泽泥泞之阻,成都西北形势略高,宜官道在是也。盖自咸门而北十里有升仙桥，有送客观，知直走咸阳者道固由此。宋世谓："桥当在上流五里，今之名升仙者在下流七里，《（古今）集记》已疑其非古。"知成都少城西北固官寺之所在。《寰宇记》引《任豫记》："西门一楼，张仪时旧迹犹存。"又引《李膺记》云："次西曰宣明门，蜀时张仪楼即宣明门楼也，重阁复道，跨阳城门，故左思《赋》云：'结阳城之延阁，飞观榭乎云中。'"《元和郡县志》："城西南楼百有余尺，名张仪楼，蜀中近望之佳处。"吴师孟《重修西楼记》称其："基构疏壮，为成都台榭之冠，非参僚宾客，不得辄上，每春月花时，纵民游观宴嬉，以为岁事。"自左太冲、王羲之亟称道之，盖自昔而然。知少城为秦人所重，少城西北之别为政治区又可知也。《常志》言："成都县本治赤里街，（张）若徙治少城内，营广府舍，置盐铁市官并长丞。"《蜀王本纪》亦言："成都在赤里街，张若徙置少城内，始造府县寺舍。"知诸官舍皆在少城。李冰二江七桥皆在西南，精华所萃固在斯耶！二江间复有石犀渠，《水经注》用《常志》文言："李冰昔作石犀五头，以厌水精，穿石犀渠于南江。后转犀牛二头，一头在府市市桥门，一头沉之于渊也。"《志》又言："石牛门曰市桥门，下石犀所潜渊也。"是明言石犀渊在市桥下，自石犀穿渠以通南江，此所以谓之石犀渠也。此渠本以通郫江、流江，乃清人妄意自犀浦引渠来成都，未必然也。秦汉时盐铁市官在南在北，无可考知，不能强为之说。后来锦官、车官，则固在城西南也。《寰宇记》说相如宅、诸葛读书台、严君平宅、李冰祠皆在西，诚未可尽信，而唐宋以来一都之胜概亦在西则可知也。

张咏说秦"分筑南北二少城以处商贾"，既云案之《图经》，则事或有据。惟南北二少城之说，张说以外，别无所见。然既知少城之南为工商区，而北为官市所在，可见少城之分南北谅非虚语，即谓中有墙以限南北亦无不可。秦分三十六郡，惟蜀郡有大城、少城之分，自亦有故。余前论秦灭蜀封公子通为蜀侯，而张若为蜀守，又移秦民万家实之；侯之与守，秦民、蜀民，其始自可别城以居。《常志》说："秦惠文、始皇克定六国，辄徙其豪侠于蜀，资我丰土，家有盐铜之利，户专山川之材，居给人足，以富相尚，故工商致结驷连骑，豪族服王侯美衣。"此工商豪侠之家亦应居少城。《古文苑注》引《益州记》（以《公孙述传》注校之，知是李膺书）："又有龟化桥。初，张仪筑城，有大龟导之以筑，至东子城东南隅而毙，因以名桥。"其说诡异不足信，然必因城之形势非方非圆，不必中规矩，东西二城并列，则其东西或长而南北略短又可知。《寰宇记》引《李膺记》云：少城"与大城俱筑，唯西南北三壁，东即大城之墉"，《蜀都赋》所谓"亚以少城，接乎其西"者，其规制固如此也。《常志》言："（张）仪与（张）若城成都，周回十二里，高七丈。"则实褊小。唐筑罗城，王徽《记》云："南北东西凡二十五里，拥门却敌之制复八里。"而后成都之城广于秦汉矣。

张咏《益州重修公宇记》云:"案《图经》,秦惠王遣张仪、陈轸伐蜀,灭开明氏,卜筑是城,方广七里,分筑南北二少城以处商贾。……隋文帝封次子秀为蜀王,因附张仪旧城增筑南西二隅,通广十里。(唐末)高骈建节,始筑罗城,方广三十六里。清远江原在州前,筑罗城开移今所。"《图经》多误说,如谓"汉民户益繁,改郡曰益州"之类,每不足据。其叙隋唐后事,俾后来知古今变革所由,固可珍视。《唐诗纪事》言:"(高)骈镇蜀日,以南诏侵暴,筑罗城四十里。"唐僖宗《赐高骈筑罗城诏》亦谓"分筑四十三里,皆施广厦",皆与张说异。然后蜀作羊马城,在罗城外周,李昊《创筑羊马城记》云:"新城周围凡四十二里。"知罗城不得有四十里。杜光庭《感遇传》谓:"始筑罗城,瓮门却敌共三十二里。"与王徽记、张咏说大体相合。

由外水(大江)嘉、眉入蜀北走成都,于新津、双流舍舟陆行之道,应即由石牛门南去之大道,此于形势最重。吴汉之攻公孙述,桓温之攻李势,同由外水趋成都,故皆战于市桥,自广都北进必然抵笮桥、市桥,此乃交通路线不移之理。光武告吴汉安军宜在七桥连星间,此与教吴汉直取广都、据其腹心为同一意义,光武意在使汉勿与争锋,是以两江七桥形势易守,而蜀之武备应不在此。《常志》言:"州治大城,郡治少城。"武备宜在大城,故割据者多据之。晋元康中,征益州刺史赵廞入朝,廞据大城谋作乱。太安中，李特攻罗尚于成都，取少城，尚袭杀之；特子雄复入少城，尚退保大城，则大城为武事所关，可以推知。臧宫拔涪城，拔繁、郫，进逼成都；李雄亦先取郫城，再取成都。殆皆以少城有二江七桥之固，武备所忽，迂道取繁、郫，再东向以临少城，攻其弱点，兵家之意或在是耶。

《常志》言："元鼎二年，立成都十八郭。"顾校云：郭"当作门，见《蜀都赋》及刘渊林注"。今案《后汉书·臧宫传》及《续汉·郡国志》李贤、刘昭两注并引《蜀都赋》注，皆作"立成都郭十八门"，知今本《文选注》当有夺字。《常志》：张仪城成都周回十二里，疑不能有十八门。倘城外更作郭，则益以广袤，郭亦有门，然后为十八，于理为近。《吴汉传》言汉攻成都，"军其郭中"，《公孙述传》载"成都郭外有秦时旧仓"，是成都古有郭之证。《臧宫传》言："入小雒郭门。"是有郭门之证。由《古文苑注》、《公孙述传》注言之，有咸门、朔门，皆在北。于《华阳国志》《水经注》，有西门，有石牛门，有南门。李膺《益州记》有宣明门，《寰宇记》有"章城门，路西今为乘烟观"。又云："武侯宅在府西北，今为乘烟观。"《方舆胜览》作府西南，依杜光庭《记》以作西南为是。王建改西门曰兴义门，见《蜀梼杌》（张澍《蜀典》言：《玄中记》有"兴义门内双石笋"）。皆为西南二面之门。《公孙述传》注：成都北面有二门，其东有阳城门；《益州记》言：少城"南面三门，东曰阳城门"。二者不同，疑二家文皆有夺误。左思盛言阳城门，应与张仪楼近,乃合群书所称。诸家所考,独不见东门,而刘渊林《蜀都赋》注言:"武义、虎威,二门名也。"大城为军事所在,此二门当即东出之门欤!以人事衡之,七桥十八门皆所以便行人。二江、少城之事明,则七桥之纷可解,由七桥以考十八门之实,则疑讹之传一若可决。张仪作城周回十二里,势不得立十八门,门必有道,道接于水则有桥。城南二江四桥,明为二道,亦必二门,则石牛门与南门是也。城西郫江上有冲星、长升、永平三桥,亦必有三门:西门曰宣明,其下西南为章城,其上为阳城。故李膺说最东曰阳城,次西曰宣明也。北亦二门,在西曰咸门,在东曰朔门是也。城之南既二门,是北亦宜然。东之二门则虎威、武义是也。应大城、少城共有九门,而郭亦九门,是为十八门。少城为繁荣之区,其西独有三门,事亦宜然。《寰宇记》引《李膺记》云:"少城有九门,南面三门。"《寰宇记》说或时有误,文字亦每讹夺,即李氏书如此,亦不足使人信据。盖桓温平蜀夷少城,李氏固未得详其事。《周地图经》言:"大城九门,少城九门。"显为意测之谈,更不必论也。

宋李新《后溪记》言,岷水"注成都,离为内、外二江,其一自小桥入都市",应即指金河。吴师孟《导水记》言:"高骈分江水为二道,环城而东,虽余一脉如带,潜流于西北隅城下之铁窗。成都令李偲行视,果得西门铁窗之石渠故基。……自西门循大逵而东注于众小渠,又西南隅至窑务前,闸南流之水自南铁窗入城,于是二渠既酾,股引而东,派别为四大沟,脉散于居民夹街之衢,而辐凑于米市桥之溇,其委也又东汇于东门而入于江。”二江入城之迹,唐宋间殆有之,惟不可以为内、外江耳。席益《淘渠记》言:“白敏中尹成都,始疏环街大渠。”盖二渠自昔有之,高骈筑罗城时已有之,白敏中特疏之耳。至明志所记,金河之外,自西门万福寺有水入城中至玉带桥;而宋之解玉溪在大慈寺侧,将即梓桐桥水;五代时御河之舟可以直通于百花潭,或由西御街旧渠南出,则锦城之中俪家杨柳而户清泉者欤!

　　庚子之夏,闭户养疴,草《二江考》,每于篋间检故纸剪贴用之,稿遂如百衲衣。忽得十余年前旧录二纸,为选集有关七桥材料,由今览之,尚简要可用,虽无议论,然取舍之间亦皆有意,略有所校订,幸无违失,不觉一笑。因并作《七桥十八门考》,系于简后,亦附存二纸于末,以见写作岂顷刻事耶! 此稿初无示人意,故用文言写之,亦以纸不易得,故为节省耳。

蒙文通记

九月十八日

　　原载 1980 年《四川大学学报丛刊》第五辑《四川地方史研究专辑》

鸿沟由夏肥水过寿春入巢湖通大江考

鸿沟为国史上最著名亦最重要之人工河。唐宋用汴水为运道,此世人习知,然有说汴水为鸿沟者,实为大误。楚汉纷争,以鸿沟为界,楚在东而汉在西,鸿沟宜为北南行水道,而汴水则为西东行水道,何可混而为一。《汉志》称鸿沟为狼汤渠,《水经》称鸿沟为渠水,皆有人工河之意。鸿沟出河荥阳,直达寿春,再过巢湖南入大江,岸对芜湖。自芜湖经溧水入太湖,再出松江入海。此即《禹贡》三江之中江。中江水道已于《古地甄微》论之,此毋庸赘。然《甄微》于寿春经巢湖入江一道言之犹略,今始悟楚国亦有鸿沟之一段,于城父上承鸿沟之夏肥水,南至寿春入淮,于是南北水道得以贯通,而寿春在地理上之重要性得以大明。盖以其地为淮河、鸿沟交午之所,东西南北、六通四辟,故曹操伐孙权,"四出巢湖";苻坚攻东晋,战于肥水;楚失江陵,徙都寿春。项羽败归江东,由阳夏、固陵、城父而寿春,而阴陵,而乌江,亦略循鸿沟、巢湖而南。鸿沟于古史关系之重,可以见也。

《史记·河渠书》言禹治水:"功施于三代,自是之后,荥阳下引河东南为鸿沟,以通宋、郑、陈、蔡、曹、卫,与济、汝、淮、泗会。"知鸿沟非禹时水道,出河荥阳,东南行而后与济会。后世或谓鸿沟与济水皆自荥阳出河,为同一水道,后乃分流,此大误也。前撰《古地甄微》,据《竹书纪年》,论鸿沟开于梁惠成王时,当为白圭所凿。《孟子》书载白圭自言:"丹(白圭名丹)之治水也愈于禹。"《韩非·内储说下》载白圭为魏相,《喻老》又载:"白圭之行堤,塞其穴,无水难。"治水、行堤当即开鸿沟之事。魏惠王自安邑徙都大梁,引河开渠,便利交通,亦情理中事。鸿沟既开,大梁遂以东达于海,南通淮、泗、大江,连接水道逾十条,故白圭自诩为"愈于禹"也。汉文帝为防制东方,遂大封梁国,非无故也。隋唐以后,一汴二扬长期为商业经济中心,朱全忠徙都开封,北宋统一,仍都开封,并皆以此。

《水经·河水》言:"河又东过荥阳县北,蒗𦿜渠出焉。"蒗𦿜渠即渠水,即鸿沟。《水经·渠水》亦言:"渠水出荥阳北河,东南过中牟县北。"《水经》之说与《史记》合,皆以鸿沟出河荥阳。而道元之注《水经》则有异辞。《渠水注》言:"渠水自河与济乱流,东径荥泽北,东南分济,历中牟县之圃田泽北。"《河水注》又言:"大禹塞荥泽,开之以通江、淮,《经》所谓蒗荡渠也。"是不仅以渠出于济,且谓渠为大禹所开,并与史公违异。然道元此说亦有所本,盖源出班固。《汉书·地理志》河南郡荥阳下言："有狼汤渠，首受沛（济），东南至陈入颍。过郡四，行七百八十里。"班氏说下流入颍虽是，而谓"首受济"则非也。案班氏于河东郡垣下言："王屋山，沇（沛，济）水所出，东南至武德入河。"《河水注》言："昔禹塞淫水，而于荥阳下引河东南，以通淮、泗，济水分河东南流。"据《水经·河水》，荥阳在武德上游，苟济出荥阳，岂不河北之济尚未入河，而河南之济已自出河，是岂有当于事理者耶？故杜预、京相璠、郭璞皆说济自卷县出河，如此则地理位置正合。然道元则以此出河之济为阴沟之上源，非古说也。《古地甄微》有说，此不再详。班氏"渠首受济"之说，显系误以荥阳出河之鸿沟即济水。班氏此误盖亦有故。司马彪《后汉郡国志》言："济水王莽时因旱渠塞，不复截河而南。"（此用《通典·州郡》引，与坊本文字略异）司马所说"因旱渠塞"，即指卷县出河一段，河南之济本与鸿沟相通，卷县出河一段既绝，说者遂以鸿沟为济水上源，班氏当即据此，不谓济水此后遂绝也。然而杜佑竟据此谓："《水经》叙地一依《尚书·禹贡》旧道，斯不详之甚，郦道元又从而注之，其纂叙及注解，并大纰缪。"以济水从此淹没，则更大误。《水经注》既以自荥阳出河之鸿沟为济水，则其所叙济水上源即鸿沟也。《济水注》云："济水分河（荥阳）东南流，又东径敖山北，又东合荥渎，渎首受河水……今无水。济水又东径荥泽北，泽在荥阳县东南，与济隧合。济隧上承河水于卷县北河,南径卷县故城东,又南径衡雍城西。济水荥泽中北流,至衡雍西,与出河之济会。出河之济即阴沟之上源也。济水又东南流,入阳武县,历长城东南流,蒗荡渠出焉。"道元所叙此段济水,实即鸿沟。自"分河"至"衡雍西与出河之济会",两水即合而为一,自此鸿沟即行济道,至阳武县又与济分流。"出河之济"王莽末涸绝,班固遂不免以鸿沟为济水上源。盖鸿沟出河至敖山与荥渎合,所行即荥渎故道;合索水后,所行即索水故道;阳武以下合不家沟水、清池水,即行此二水之道,此开凿人工河必然之理也。

班氏说狼汤渠"至陈入颍",与《水经·颍水篇》合:颍水"东南至新阳县北,蒗荡渠水从西北来注之"。《注》云:"蒗荡渠者,百尺沟之名别也,颍水南合交口,新沟自是东出。"然《水经·渠水》云:"渠出荥阳北河,东南过中牟县之北,又东至浚仪县,又屈南至扶沟县北,其一者东南过陈北,又东南至汝南新阳县北,又东南过山桑县北,又东南过龙亢县南,又东南过义成县西,南入于淮。"所叙全为沙水入淮一道,而未言鸿沟至陈入颍一道,幸道元于《经》文"其一者东南过陈县北"句下言:"沙水又东径长平县故城北,又东南径陈城北;……沙水又东而南屈,径陈城东,谓之百尺沟。又南分为二水,沙水出焉。沟水东南流,谷水注之。……(沟水)又东南流注于颍,谓之交口。水次有大堰,即古百尺堰也。盖新水首受颍于百尺沟,故堰兼

有新阳之名也。"是沙水（鸿沟）至陈城分为二水：其一为
沙水，由陈城东南径新阳、山桑、龙亢、义成诸县入淮。其
一为百尺沟，在陈城东南新阳县北流注于颍，《水经·颍
水》所谓颍水"至新阳县北，蒗蘠渠水来注之"也。即鸿沟
东南至陈入颍之道。惜桑、郦于《渠水篇》中皆未能以入
颍之道为渠水之终，而专叙沙水入淮一道，以致喧宾夺
主、鸠占鹊巢。明乎至陈入颍者为渠，为鸿沟，由新阳、山
桑、龙亢、义成入淮者为沙，而后《河渠书》"于楚，则西方
通渠汉川、云梦之野，东方则通鸿沟、江、淮之间"之义乃
得大明。此所言楚所通之鸿沟，即于陈入颍之百尺沟。
《史记》《汉书》旧注于此二句皆无解说。若鸿沟下游系指
汴水，则汴水所通之江、淮当在吴境，与楚不干。沈钦韩
《汉书疏证》即以吴城邗沟通江淮为说，然又知其但为吴
事，故又言"楚事无明文"。王先谦《汉书补注》更直谓
"鸿"字系衍文，皆以不明楚有鸿沟之故。鸿沟自荥阳出
河至浚仪东南行，地为魏境，自为魏所开，浚仪沙水以下
则为楚地，《渠水注》言："渠水至浚仪而分，汳东注，沙南
流。楚东有沙水，谓此水也。"楚于战国前期早已夷灭陈、
蔡，据有淮上之地，故白圭开鸿沟仅能开魏境一段，浚仪
以下之沙水则为楚境，为白圭能力所不能及，而竟弃置不
顾，故孟子讥白圭之治水为"以邻国为壑"也。楚为解决
渠水上游洪涛倾注之患，必顺续其事，故沙水至陈入颍一
段必为楚国所开，是为楚之鸿沟。楚国为何于沙水一道

之外,又另开引渠入颍一道,当为助长寿春以上淮、颍水势以利寿春水运之故。

《班志》于沛郡城父云:"夏肥水东南至下蔡入淮。过郡二,行六百二十里。"城父故陈国夷邑,楚伐陈取其地,名城父。《淮水注》于淮过寿春县北言之更详:

> 淮水又北,夏肥水注之。水上承沙水于城父县,东南流径城父县故城南,县故焦夷之地,《春秋传》然丹迁城父人于陈,以夷濮西田益之,言夷田在濮水西者也。然则濮水即沙水之兼称,得夏肥之通目矣。夏肥水自县东径思善县(东汉时分城父立)之故城南。夏肥水又东为高陂,又东为大漴陂,水出分为二流,南为肥水,北为鸡陂,乱流东注,俱入于淮。

是夏肥之出城父,即"上承沙水"。《渠水注》于沙水分流处亦言之甚明:

> 沙水自百尺沟东径宁平县之故城南。沙水又东,积而为陂,谓之阳都陂。沙水又东分为二水,即《春秋》所谓夷濮之水也。沙水东南径城父县西南,枝津出焉,俗谓章水也。一水东注,即濮水也。东径城父县之故城南,东流注也。

合此二文,则夏肥水出沙(渠)入淮之首尾甚明。夏肥水入淮处,史称夏汭。《左氏》昭五年载楚子伐吴:"蘧射以繁阳之师会于夏汭。"即指此。杜预以江夏郡之夏口(今汉口)释之,大误。盖繁阳为今河南新蔡,吴在新蔡之东,夏口在新蔡之西,岂有用兵东方而调兵西向之理。昭四年又载吴伐楚:"楚沈尹射奔命于夏汭。"亦见夏汭当吴、楚之间,必非今汉口也。

《淮水注》言:"淮水于寿阳县(晋孝武帝时改寿春为寿阳)西北,肥水从城西而北注于淮,谓之肥口。淮水又北,夏肥水注之。"是肥口与夏汭相近,一南一北,俱入于淮。《水经·肥水》言:"肥水出九江成德县广阳乡西,北过其县,西北入芍陂。又北过寿春县东,北入于淮。"与肥水同源而南流者则有施水。《水经·施水》言:"施水亦从广阳乡肥水别,东南入于(巢)湖。"《肥水注》云:"肥水出良余山,北流分为二水,施水出焉。"《施水注》亦云:"施水受肥水于广阳乡,东南流径合肥县。施水自成德流径合肥县城南,又东分为二水。又东径湖口戍,东注巢湖,谓之施口也。"是自汉至元魏皆以施、肥同源相通,施南入巢湖而肥北注淮水。其事至唐犹然。《唐文粹》载卢播《合肥辨》称:"肥水出鸡鸣,北流二十里分为二,其一东南流径合肥县南,又东南入滁湖。其一西北流二百里出寿春西,投于淮。二水皆曰肥。《尔雅》:'归异出同流肥。'言所出同而归异也。……所出惟一水,分流而已,其源实同而流实异,故皆曰肥。"是施、肥二水不仅枝津交互,且亦同名为肥也。

《汉志》九江郡合肥,师古注引应劭曰:"夏水出父城东南,至此与淮合,故曰合肥。"此文显有谬误,据《施水注》,此"父城"当作"城父","与淮合"当作"与肥合",于义乃通。惟此夏合于肥之说,道元固已疑之,以为"川殊派别,无沿注之理"。然《注》引阚骃,亦义同应劭,当非偶然。案应劭谓夏水截淮而南至合肥者,盖自水道交通言之,故夏水亦曰夏肥水,非以水道流注为说也。知汉时自有出鸿沟由夏肥水截淮入肥经合肥至巢湖一南北水道,道元作《注》未能明于此也。

据《沔水注》,自巢湖南经栅水可以入于大江:"江水自濡须口又东,左会栅口,水导巢湖,又东经南谯侨郡城南,又东绝塘径附农山北,又左会清溪水。栅水又东,左会白石山水。栅水又东南积而为窦湖。栅水又东南经高江产城南、胡景略城北,又东南经张祖禧城南,东南流屈而北径郑卫尉城西。又北委折,蒲浦出焉。栅水又东南注入大江,谓之栅口。"道元所叙,当即魏武伐孙权"四越巢湖"攻濡须口之道也。栅口东直芜湖,《汉志》《水经》皆谓:"中江在丹阳芜湖县西南,东至会稽阳羡入海。"已详《古地甄微》,此不赘论。

本文据 1958 年手稿整理

鸿沟通塞考

　　近闻我国水运建设有开通十大运河之拟议，或为历史上旧河之重建，或为当前所需新河之开凿，闻之无比兴奋。然拟议中之河道竟未列历史上著名之古运河——鸿沟，私心不免慊慊。盖鸿沟自战国开凿以来，舟楫长通，虽亦时有利弊，然若总结历史经验，趋利避害，仍将不失为黄淮平原之重要运道。不仅能沟通黄淮，且可自淮入肥，穿巢湖，入大江，再由芜湖、溧水过太湖，出松江。又可经高淳直从胭脂冈贯秦淮河而至南京，其功用当更大于往昔也。因谨略考鸿沟历代通塞情况，供有关方面参考。惟所见资料止于清代，晚清而下，无所接触，因而未能就鸿沟之重建提出较具体意见，是为至憾耳。

　　《史记·河渠书》载："荥阳下引河东南为鸿沟，以通宋、郑、陈、蔡、曹、卫，与济、汝、淮、泗会。"言太简略，鸿沟一水何能通达如此广阔。王先谦《汉书补注》曰：

据《地理志》及《水经注》，沙水自浚仪径陈留、浚仪始，乱蒗蕩渠为沙水，径扶沟、长平、陈，一为新沟入颍，一径宁平、新阳、城父、山桑、龙亢、义成诸县入淮。涡水自沙出，径扶沟、阳夏、宁陵、襄邑、苦、谯、城父、山桑、龙亢、义成诸县入淮。又睢水自浚仪首受狼汤水，至取虑入泗。又鲁渠水自陈留首受狼汤水，至阳夏入涡。又汳水自浚仪径陈留、小黄、雍丘、外黄、成安、甾为甾获渠，又径宁陵、睢阳、蒙为获水，径己氏、虞、下邑、砀、杼秋、埇、萧、彭城诸县入泗。案：济水至定陶为菏水，又至湖陵入泗，《书》云："浮于淮、泗达于菏。"是其道也。获水于彭城入泗，即入济。汝、泗、济、颍又皆入淮，故云鸿沟与济、汝、淮、泗会也。睢阳宋地，荥阳郑地，淮阳陈地，下蔡蔡地，定陶曹地，濮阳卫地，其余枝渎互通，不可悉记，故云鸿沟以通宋、郑、陈、蔡、曹、卫也。

是沙、涡、睢、鲁、汳、获诸水皆自渠出，故并可以鸿沟视之。然终当以荥阳出河东过浚仪，东南经陈留、扶沟至陈入颍一道为鸿沟经流；过陈东南经山桑、龙亢、义成入淮之沙，《水经》及《注》亦并以为渠水（鸿沟）。

马、班书并云鸿沟"通宋、郑、陈、蔡、曹、卫，与济、汝、淮、泗会"，故梁为东方重镇，汉文帝为控制山东诸侯，遂大建梁国，正以其六通四达也。

《三国志·魏武帝纪》载，建安七年："春正月，公（曹操）军谯，遂至浚仪，治睢阳渠。"进军官渡（此据《通鉴》）。由谯至浚仪，当系由涡入渠，是鸿沟犹畅通也。睢阳渠在睢水之睢阳（梁都），或有未畅也，故治之。将以通江、淮致陈、蔡、汝、颍之粟，而攻袁绍也。

《武帝纪》又载，建安十四年："春三月，（操）军至谯，作轻舟，治水军。秋七月，自涡入淮，出肥水，军合肥。"此为操自赤壁兵败退还后，将以水军再伐吴也。曹丕《浮淮赋序》言："建安十四年，王师自谯东征，大兴水军，泛舟万艘，时余从行。"即指此役。

《三国志·文帝纪》载，黄初五年："八月，为水军，（曹丕）亲御龙舟，循蔡、颍浮淮，幸寿春。九月，遂至广陵。"将伐吴，不果而还。入颍之蔡即鸿沟，颍东南至慎县入淮，浮淮遂至广陵。

《文帝纪》又载，黄初六年三月："辛未，帝为舟师东征。八月，帝遂以舟师自谯循涡入淮。冬十月，行幸广陵故城，临江观兵，戎卒十余万，旌旗数百里。是岁大寒，水道冰，舟不得入江，乃引还。"此自谯由涡入淮一道，似为曹魏当时伐吴之重要路线，故操、丕父子皆由之。

《三国志·邓艾传》载："时欲广田畜谷为灭贼（吴国）资，使艾行陈、项以东，至寿春。正始二年，乃开广漕渠，每东南有事，大军兴众，泛舟而下，达于江淮，资食有储而无水害，艾所建也。"《晋书·宣帝纪》正始三年："三月，奏穿广漕渠,引河入汴,溉东南诸陂,始大田于淮北。"四年九月:"乃大兴屯守,广开淮阳、百尺二渠,又修诸陂于颍之南北万余顷,自是淮北仓庾相望。"卢弼曰:"盖邓艾倡议于二年,兴办于三四年也。"据《渠水注》,广漕、百尺二渠皆在陈郡,为渠水(鸿沟)下游。司马懿嘉平三年讨王凌即由此道。《王凌传》载:"司马宣王将中军乘水道讨凌,大军掩至百尺……军到丘头,凌面缚水次。"

《晋书·桓温传》载,永和十二年,温北伐后秦姚襄:"以谯梁水道既通,请徐、豫乘淮泗入河,温自江陵北伐。"谯、梁水道即指鸿沟、涡水、睢水而言,是其时为入河要道也。

《温传》又载,太和四年,桓温北伐慕容暐:"遂至枋头。先使豫州刺史袁真伐谯、梁,开石门以通运道。真讨谯、梁皆平之,而不能开石门,军粮竭尽。"石门为鸿沟分河处,不能开石门,运道即不能畅通,桓温遂不得不焚舟自陆路退还。

《晋书·苻坚载记》载,太元八年,苻坚攻晋:"水陆齐进,运漕万艘,自河入石门,达于汝、颍,苻融等攻陷寿春。"寿春在颍水入淮附近,故《通鉴》作:"融等先至颍口。"苻坚漕运"自河入石门,达于汝、颍",即自鸿沟入颍再至淮河,盖循袁真北上之路而南下也。

《魏书·崔亮传》载,魏宣武帝时,为度支尚书:"亮在度支,别立条格,岁省亿计。又议修汴、蔡二渠,以通边运,公私赖焉。"《魏书·地形志》陈留郡浚仪县下言:"汴水在大梁东分为蔡渠。"《渠水注》言:"渠即沙水也,音蔡,许慎正作沙。"《魏书·食货志》又载,孝明帝时,为备边计:"于水运之次,随便置仓,乃于小平、石门、白马津、漳涯、黑水、济州、陈郡、大梁凡八所,各主邸阁,每军国有须,应机漕引。"其中陈郡、大梁、石门即鸿沟、蔡渠漕引之道所经,崔亮修浚汴、蔡二渠,亦正所以通漕。

《旧唐书·食货志》载,用裴耀卿议,开元"二十二年八月,置河阴县及河阴仓。……(江南租米)自江淮(西北)而溯鸿沟,悉纳河阴仓"。是鸿沟一道迄至唐代仍为漕运通衢。

《新唐书·食货志》载,建中二年:

> 田悦、李惟岳、李纳、梁宗义拒命,举天下兵讨之,诸军仰给京师,而李纳、田悦兵守涡口,梁宗义扼襄、邓,南北漕引皆绝,京师大恐。江淮水陆转运使杜佑以秦汉运路,出浚仪西十里入琵琶沟,绝蔡河至陈州而合颍。自隋凿汴河,官漕不通,若导流培岸,功用甚寡。疏鸡鸣冈(在合肥),首尾可以通舟,陆行才四十里,则江湖、黔中、岭南、蜀汉之粟,可方舟而下,縢白沙趣东关,历庐、寿,浮颍涉蔡,历琵琶沟入汴河抵东都,无浊河溯淮之阻,减故道二千余里。会李纳将李洧以徐州归命,淮路通,乃止。

《新唐书·李希烈传》载:李纳叛,以李希烈检校司空兼淄青节度使讨之。希烈阴与纳结,计取汴州。滑亳节度使李勉兼领汴州,"严备以守,纳遣游兵道希烈绝汴饷路,勉治蔡渠,引东南馈"。是隋开汴渠之后,汴渠虽为重要饷道,而蔡河仍随时疏浚使用。

《通鉴·后周纪》载,世宗显德四年二月:"乙亥,帝发大梁。先是,(帝)于大梁城汴水侧造战舰数百艘,命唐降卒教北人水战。数月之后,纵横出没,殆胜唐兵。至是命右骁卫大将军王环将水军数千自闵河沿颍入淮,唐人见之大惊。"胡三省注:"闵河本曰琵琶沟,今名蔡河。颍,颍河也。今按蔡河自东京东南下,经陈州至蔡口,入颍河,经顺昌府颍上县西至正阳入淮河。"《通鉴》又载,显德六年二月:"甲申,命马军都指挥使韩令坤自大梁城东导汴水入蔡河,以通陈颍之漕。"胡注:"《五朝会要》:惠民河与蔡河一水,即闵河也。建隆元年,始命陈承昭督丁夫导闵河自新郑与蔡河合,贯京师,南历陈、颍,连寿春,以通淮右。舟楫相继,商贾毕至,都下利之,于是以西南为闵河,东南为蔡河。"《宋史·河渠志》载:"建隆二年,命中使浚蔡河,设斗门节水,自京距通许镇。三年,诏发畿甸、陈、许丁夫数万浚蔡河入颍川。"是鸿沟一道迄五代末宋初犹甚重要,不仅为漕运要道,且又为军事要道。

"开宝六年,始改闵河为惠民河。"(同上胡注引《五朝会要》)惠民河为北宋漕运四河之一。《宋史·食货志》

言："宋都大梁,有四河以通漕运,曰汴河,曰黄河,曰惠民河,曰广济河。"陈止斋言："本朝定都于汴,漕运之法,分为四路:江南、淮南、浙东西、荆湖南北六路之粟,自淮入汴至京师。陕西之粟自三门、白波转黄河入汴至京师。陈、蔡之粟自闵河、蔡河入汴至京师。京东之粟自五丈河历陈、济及郓至京师。"(《通考·国用》引)自闵、蔡为漕运所重,修浚之事,不时有之,备载于《河渠志》,此不多引。

《宋河渠志》言："蔡河贯京师,为都人所仰,兼闵水、洧水、潩水以通舟。闵水自尉氏历祥符、开封合于蔡,是为惠民河。洧水自许田注鄢陵,东南历扶沟入于蔡。潩水出郑之大隗山,注临颍,历鄢陵、扶沟入于蔡。凡许郑诸水皆会焉。犹以其浅涸,故植木横栈,栈为水之节,启闭以时。"自闵、洧、潩及许郑诸水皆会于蔡,蔡河水量大增,河道大通畅,然当夏秋水涨,下游亦时有水患。《志》又载,大中祥符"二年四月,陈州言:州地洿下,苦积潦,岁有水患,请许州长葛县浚减水河及补枣村旧河以入蔡河,从之"。元祐"四年四月,知陈州胡宗愈言:本州地势卑下,秋夏之间,许、蔡、汝、邓、西京及开封诸处大雨,则诸河之水并由陈州之沙河、蔡河同入颍河,不能容受,故境内潴为陂泽。今沙河合入颍河处有古八丈沟,可以开浚,分决蔡河之水自为一支,由颍、寿界直入于淮,则沙河之水虽甚汹涌,不能壅遏。诏可"。至徽宗时,霍端友知陈州,"为政以宽,不立声威,陈州污下,久雨则积潦,时开河八百里,而去淮尚远,水不时泄,端友请益开二百里彻于淮,自是水患遂去"(《宋史·霍端友传》)。皆所以减蔡河水患也。

《河渠志》又载:"熙宁四年,杨琰请置上下坝闸,蓄水以备浅涸,诏琰掌其事。八月,侯叔献请因丁字河故道,凿堤置闸,引汴水入于蔡以通舟运,河成,舟不可行,寻废。"是此时蔡河已汻浅不可行舟矣。

自金兵南下,淮北尽入于金。金人建都大兴府(今北京),于是蔡、颍漕运不为所重,水道渐以失修。及元明之世,黄河多次南决,夺蔡、颍、涡、睢由淮入海,蔡河遂渐埋没。《清一统志·开封府》蔡河条引《旧志》:"元至元二十七年,黄河决祥符义塘湾,蔡水上游湮。明洪武八年,大河南泆,挟颍入淮,蔡河下流亦绝。"洪武三十年,河复南决,拥蔡水入陈州。黄河南决虽致蔡河壅塞,然谓洪武八年以后蔡河全绝则又不确。《明史·郁新传》载永乐元年:"新言自淮抵河多浅滩跌坡,运舟艰阻,请别用浅船载三百石者,自淮河、沙河运至陈州颍溪口跌坡下,复用浅船载二百石者运至跌坡上,别用大船运入黄河至八柳树诸处,令河南车夫陆运入卫河,转输北京。从之。"《食货志》亦载其事。是至永乐之时,沙、颍一道犹可通舟,只因河道淤浅惟可用轻舟耳。至正统以后,大河多次南决,甚至长期改道南流以由淮入海为经流,颍、蔡诸水遂尽失故道。

正以颖、蔡诸水于正统后尽失故道,故顾祖禹虽以地理名家,而《读史方舆纪要》《清一统志》中叙此诸水,亦不免条理不清,惝恍迷离。

《纪要》卷四十六谓:蔡河首受汴,自祥符县东南,通许县西,尉氏、扶沟县之东境,太康县之西境,至鹿邑县南而合于颖河,谓之蔡河口。同书卷四十七祥符县下谓:蔡水在城东南,自汴河分流为蔡水,亦曰沙水,下流至归德鹿邑县合于颖水,宋开宝中赐名惠民河。于通许县谓:蔡河在县西,自祥符之范村流入县北,至县西下入扶沟。于扶沟县谓:蔡水在县城东,自通许县西流入境,又东南流入陈州界。但求之陈州及所领四县商水、西华、项城、沈丘,皆无蔡水而只有颖水,上谓自通许经扶沟东南流入陈州之蔡水,在陈州境内竟无踪影。且于通许县叙蔡水,通许、扶沟之间竟无尉氏。及考之尉氏县,则谓沙水在县东五十里,自祥符县流入,即宋之惠民河。而尉氏、祥符之间却又无通许。则于蔡河、沙河是一是二亦殊惝惝。于陈留县下谓:沙水在县西南十里,即故蔡河也,东流入杞县界。然求之杞县,又无沙水。致陈留之沙水,既无上源,又无下流。太康县下并不见蔡水、沙水之目,然于卷五十鹿邑县下却谓:颖水在县南,蔡水自开封府太康县流合焉。然于开封府之蔡水如何流至太康、鹿邑,则又未置一辞。顾氏叙蔡水之条理瞀乱竟至如此。

《纪要》卷四十六谓:颖水合蔡,亦兼有沙水之称,自鹿邑县东南流入江南泰和县。上曾指出《纪要》于陈州下不见蔡水之记载,而此突言蔡河经陈州鹿邑县入颍。上曾指出《纪要》于西华、南顿(商水)、沈丘皆不见蔡水之记载,而此突言:今由朱仙镇而东南有水道经西华、南顿、沈丘以达于颍、寿,盖即蔡河故迹。是前后所说不同也。且西华、商水在陈州西南,而太康、鹿邑在陈州东北,两线何得同有蔡水? 同书卷四十七陈州下谓:颍水在州南五十里,源出登封,流经西华、商水而达州界。西华县谓:颍水在县城北,东南入商水界。于商水县则仅谓在城北三十里。于项城县谓:颍水在县城东北五里,流入江南(泰和县)。西华、商水、沈丘皆止见颍水而未见"蔡河故迹"。是亦前后不能照应。且于此言颍水自沈丘流入江南,与上言颍水自鹿邑东南流入江南,两说不能并存,而顾氏于此竟二三其辞。案沈丘在陈州之南,鹿邑在陈州东北,此区地势西北高而东南低,鹿邑、沈丘诸水皆东南流,则颍水不能自陈州南之沈丘东北流至鹿邑,而蔡水亦不能自陈州东北之鹿邑屈曲西南流至沈丘。是顾氏于颍、蔡二水之经流分合并皆不能确指也。

考顾氏之误,亦自有由。《元和郡县志》于太康县下言:蔡水西北自汴州尉氏界流入。涡水首受蔡水,东流经县北。于亳州鹿邑县下言:涡水西北自太康县界流入。《太平寰宇记》太康县下直抄《元和志》。《元丰九域志》太康下有蔡河、涡河。是唐宋时皆以蔡水流入太康境。涡水首受蔡,互受通称,或称蔡水,或称涡水,固皆一水,非有二也。故《方舆纪要》卷四十七太康县下有涡水,无蔡水,谓在县北五里,其上源自通许境接蔡水,流经县北,东南经柘城县及鹿邑县境,又东入江南亳州界。《清统志》谓:"涡水今由通许、杞县及陈州府之太康、淮宁,归德府之鹿邑入江南境。"两说相同,是也。是唐宋地志于县境所载蔡水,实即涡水,并非二水。齐召南《水道提纲》言:沙河、涡河之名,彼此纷然。顾氏所说杞县、尉氏之沙,太康、鹿邑之蔡,实皆涡水。然竟从胡氏妄说以太康涡水即蔡水正流于鹿邑入颍,诚大误也。顾氏杂引古今地志,不加分辨,直治丝而棼耳。《宋河渠志》载:祥符九年,石普请于大流堰穿渠(尉氏境),置二斗门,引沙河以漕。即引沙入蔡,是尉氏县境有沙、蔡二水。此所谓沙,实即涡水。唐宋志皆以蔡水于尉氏分涡,后世谓于通许分涡,缘通许于宋初始置镇,金改为县,后之通许县兼有故尉氏地,称尉氏,称通许,一也。

顾氏于惠民、沙河、蔡河,著录纷乱,既说是一,又终不同,盖亦有故。明代大河多次南决,所决非一口,南流非一道,作地方志者,不加详辨,随俗命名,所称各河,略皆决河所行故道。《明史·河渠志》载:洪武十七年,决开封,自陈桥至陈留;又决杞县,入巴河。二十五年,决阳武,泛陈州祥符、陈留、通许、太康、扶沟、杞县。永乐十四年,决开封州县十四,经怀远由涡河入淮。宣德溢开封州县,景德、天顺南决亦多。弘治二年,又决开封。次年,白昂上言:"南决者自中牟至祥符析为二支,一经尉氏等县合颍水入于淮,一经通许等县入涡河,入于淮。又一支自归德州(指鹿邑县)通亳县,亦合涡河入于淮。合颍、涡二水入淮者,各有滩碛,水脉颇微。"此时之大河南决,多经开封、祥符、陈留、通许、杞县、太康、西华各县,即多次皆拥蔡南流,沙河、蔡河之名,随处可见,州县方志各自记录,不究渊源,顾氏杂汇于一,其愈益紊乱,宜矣。

《清一统志》于开封府蔡河条言:"上流即汴河,自中牟县流经祥符县南分流,又东南经通许县北,又东南经尉氏县东,入陈州府于扶沟县界,即古鸿沟也。"又于陈州府蔡水条言:"亦名惠民河,自尉氏县流入,经扶沟县东,又南流经西华县界,又东流经府城南合于颍,即沙水也。"此谓经西华县界,又东流经陈州府城南合于颍之沙水,即唐宋时之蔡河也。《元和郡县志》于陈州言:"州城枕蔡水。"于陈州治宛丘县言:"蔡水自西北流入,经县治东一里。"《太平寰宇记》全同《元和志》。蔡水在宛丘城东一里,贾鲁河在陈州西数十里,是蔡水绝不得为后日之贾鲁河。《一统志》既谓"贾鲁河盖即宋时蔡河故道",又于贾鲁河之外另立蔡水之目,是蔡水、贾鲁是一是二,疑不能决,此当分别考之。

《宋史·河渠志》载:熙宁三年,遣大理丞陈世修经度陈颍八丈沟故迹。初,世修言:陈州项城县界蔡河东岸有八丈沟,或断或续。知宋时项城有蔡水。元祐四年,胡宗愈言:诸河之水并由陈州沙河、蔡水同入颍河。是亦以陈州有蔡水。《元丰九域志》载开封有惠民河,祥符有蔡河,尉氏有惠民河,陈州宛丘县有蔡河、颍水。是自祥符至西华、宛丘、项城,蔡水一道踪迹可寻。胡宗愈言沙河合颍处有八丈沟,顾书于陈州有百尺沟,言在城东,本沙水也,沟东南流注颍,谓之交口水,次有大堰,即古百尺堰亦名八丈沟。此宋时蔡水合颍所在,蔡河沿颍入淮之道最为明白。胡宗愈起八丈沟分决蔡河,自为一支,直入于淮,功成,谓之新河。政和初,知陈州霍端友又言:陈州地污下,久雨则积潦害稼,比疏新河八百里,而水不时泄,请益开二百里,起西华循宛丘入项城,以达于淮,从之。此西华、宛丘、项城一道说蔡水最为明白,是宋时蔡水自开封城东经陈州城东至项城八丈沟合颍,与《水经注》同。

《水道提纲》卷七言:"荥阳水出县南诸山,自汜水以东,凡南岸诸山泉无北注大河者,隔于河堤,引流成渠。自荥阳有索河北流,东折经河阴、荥泽南境,会京河、须河,又东经郑州,北会东京河,又东南会磨河,即古溹洧诸水,今总曰小贾鲁河。又东南,栾河来会,又东南经中牟县北,自此以下俗曰贾鲁河。又东南至开封府西南境朱仙镇之西,折南流,经通许县西境、尉氏县东境,又南流折而东南至扶沟县北,双泊河自西来注之。又东南经西华县北而东,又南流至周家口西南,颍、汝自西南来会。三水既会于商水县北，折东南流至陈州府南境。"《清一统志》卷一百七十于陈州下言："蔡水一名小黄河，亦名惠民河，即沙水也。《水经注》：沙水又东南径陈城北，又东而南屈径陈城东，谓之百尺沟。《元和志》蔡水在宛丘县东一里，宋时导闵河合于蔡，谓之惠民河。元时为河水所夺，贾鲁治之，故朱仙镇以上通名贾鲁河。自朱仙镇以下，昔由通许流入扶沟，今则近尉氏而远于通许，于《水经》及《元和志》故道不能尽合。"是《一统志》虽混蔡河、贾鲁为一，犹知其今昔不同。《水经注》《元和志》言蔡河经陈城北而东南流，今则在城西南，故言"不能尽合"。《一统志》卷一百四十九于蔡水之外又别立贾鲁之目，详叙自荥阳至朱仙镇一段，谓："自郑州以上为京水，中牟至祥符为金水河，宋建隆初开，后贾鲁治之。自今郑州以下通名贾鲁河。"《郑州志》："贾鲁河有三源……元季因漕运不便，令贾鲁疏治，起郑州下至朱仙镇，皆名贾鲁河。按元贾鲁开河在仪封黄陵冈南，今所云贾鲁河，盖即宋时蔡河故道。"此分叙贾鲁开河为黄河，郑州至朱仙镇一段为宋之闵河，即小贾鲁河。是《一统志》于地志之谬妄尚能剖析。至于朱仙镇以下，《水道提纲》所谓荥阳水，俗亦曰贾鲁河者，谓为蔡河故道，则以讹传讹也。自《水经注》至宋时，沙水于祥符在城东，贾鲁河在朱仙镇西十里，则已移于西。沙河于陈州在城东，贾鲁于陈州西之商水县北周家口入颍，亦移于西。所谓今则近尉氏而远于通许，亦自东移西。明蔡河、贾鲁乃先后平行之二道。是蔡河自魏晋以来至于唐宋，由汴城东至陈城东，未尝改易。以不断修浚，培岸增高，地形虽改易，而经躔未移。蔡河于明时既淤，于是西京许郑之水，北阻于河之堤，东阻于蔡之岸，沿古蔡河之西而南流，不复东南行。以贾鲁之水即昔时入蔡之水则可，以贾鲁之道即蔡河、沙河之道则大不可。《一统志》称《旧志》谓颍水自商水县周家口合沙水，则显误贾鲁河为沙水也。地方志之作者类此者甚多，不知古今迁革、津梁势改，以致纷错难理也。顾氏杂汇先后地志于一书，左右牵合，愈益混乱。顾书不记贾鲁河，似以为即古之蔡水、沙河，而又知其不能合，故于朱仙镇但谓："今商旅所经，以朱仙镇为水陆集会之所，南舟北车，从此分歧。"而未言流经朱仙镇者为何水。于蔡河入陈州后竟无下文，是于蔡河一道原不了了。以蔡河经太康、鹿邑入颍，更显为谬说。

《金史·地理志》载：开封有临蔡关，祥符有蔡河，尉氏有惠民河，陈州之西华、宛丘有蔡河。《元混一方舆胜览》于开封言有莨菪渠；于陈州言蔡水周二十里。是金元蔡河水道与唐宋无异，由汉至元应无改变。《寰宇通志》于河南省不见蔡水，卷八十三言："黄河旧在（开封）府北四十里，洪武二十四年，决原武县黑阳（《明史》作洋）山东，经府北五里，又东南至项城县出境入淮，而故道遂淤。永乐八年，复疏入故道，自是河分为二。正统十三年，又决荥阳县东，经府城西南，又东至项城县出境入淮，而城北之新河又淤。"又言："汴河故道旧自荥阳县东，经府城内，又东合蔡河，名莨菪渠，累因河决，其蔡河湮没无迹。而汴河自府城西中牟县入黄河。"此所谓黄河，即《一统志》之小黄河（说详下），亦即俗所谓贾鲁河。正统十三年，又决荥阳，经府城西南，亦即朱仙镇，此与旧蔡河在府城东分蔡显然不同。所谓"累因河决，蔡河湮没无迹"，正指洪武、正统间事。小黄河乃"河分为二"之遗迹，是正统时事，然非人工所开，而与旧蔡河平行南下。先后两河，水道不同，一东一西，至为分明。蔡河湮而小黄河乃见，《一统志》以小黄河为惠民河，亦即蔡河，实乃大错。《明史·河渠志》载，洪武三十年："冬，蔡河徙陈州。先是河决由开封北东行，至是下流淤，又决而之南。"此为黄河改道由陈州汇颍入淮。《河南通志》言："永乐元年，陈州沙水水溢，冲决堤堰，以通黄河。"是此时黄河仍南行。《陈州志》又言："九年，浚祥符旧黄河故道。自是河循故道，而河南之水患息矣。"与《寰宇通志》合。《明史·河渠志》言："正统十三年，河决，经（开封）府城西南。"此为由开封改道。汉魏以来之鸿沟莨菪渠自此因黄河改道而全湮。《明史·河渠志》所记稍详，但不如《寰宇通志》明白扼要。《明一统志》全与《寰宇通志》同。《明史·河渠志》又载，景泰四年，王暹言：黄河"自正统十三年改流为二：一自新乡八柳树由故道东经延津、封丘入沙湾（寿张旧黄河）；一决荥泽，漫流原武，抵祥符、扶沟、通许、洧川、尉氏、临颖、郾城、陈州、商水、西华、项城"。后河即后世所称贾鲁河。《志》又载黄仁俊言："河分二派：一自荥泽南流入项城，一自新乡八柳树北流入张秋会通河。"咸与《寰宇通志》及王暹所言合，皆以为在项城入颖。此后，明人遂常言黄河经朱仙镇矣。弘治六年，陈政言："河之故道有二：一在荥泽孙家渡口，经朱仙镇直陈州……今已淤塞。"郑晓言："荥泽孙家渡口旧河东经朱仙镇下至项城、南顿（商水）犹有河流，淤浅仅二百余里。"刘天和亦言："孙家渡自正统时全河从此南徙，弘治间淤塞，屡开屡淤，卒不能通。"（俱载《河渠志》）黄河既经朱仙镇，自不得在开封城东也。是此黄河至弘治时因大河改道又已淤塞，只西京、许、郑诸水为其上源。《寰宇通志》作于景泰时，《明一统志》作于天顺时，皆正统之后，弘治之前，并称此新河为黄河。《寰宇通志》载：汴水至中牟县入于黄河；石渠河于临颖县北三十里入黄河；汝河于襄城县南入黄河；洧水至新郑为双泊河，至西华入黄河；大沟于尉氏县西南十五里东北合康沟入黄河；康沟于尉氏县治南一里东流入黄河。此所谓黄河皆指此新河，即后所称贾鲁河。然实与贾鲁无关。此河自弘治后只能以来自郑州之小贾鲁河为上源，故时俗亦称之为贾鲁河，然此河非人工河，更非贾鲁所开。永乐元年，户部尚书郁新请自淮安用轻舟运至陈州颍歧口，再以大舟载入黄河。是洪武河决以后，此河流量甚大。正统河决后,被黄河之称,亦见其流量颇大。自正统十三年至弘治初四十年间,此河即黄河,弘治后淤浅,犹称黄河故道。《河南通志》言:弘治二年,刑部尚书白昂于荥阳开渠导河由陈、颍至寿州达淮。正德四年,侍郎崔岩浚孙家渡故道引水由朱仙镇至寿州入淮。所谓"随开随淤",正德时犹然,部分河水犹行此道。若自洪武二十四年河决原武山起,至正德四年,则黄河行此道一百二十余年始淤塞。以此河形成之情况复杂、不易明了,或以即唐宋之蔡河,或说贾鲁所开,皆误说也。

明何出光《扶沟水患图说》言:蔡河,上自朱仙镇、下达西华以入于沙河者也。是明代已有以朱仙镇之小黄河为蔡河者。《陈州府志》言:贾鲁河至吕家潭入蔡河故道直达西华。成化中,知县李增自吕家潭南张单口另疏新河,西南至扶沟县东。康熙时,知扶沟县屠又良疏张单口至西华,又自西华思犊冈至华城北入惠民河,再达周家口。是又认周家口为惠民河。屠云:讯里中父老,蔡河故道自张单口至西华。此又认成化新河为蔡河。清世西华人杨安辨之曰:"张单口疑即古洧水,贯惠民河以合蔡河之故道。"杨以张单口为洧水而非蔡河,又分惠民与蔡河为二,然其所谓蔡河仍为周家口。是扶沟、西华之父老文士,各执一说,又何怪地方志作者不知蔡河究为何水也。虽然,周家口之河道清初固已如此,则可知也。然小黄河合颍于周家口,文献无征。自以上材料审之,疑当在成化之时。盖此新河自弘治之后,成化时曾疏浚,嘉靖时曾疏浚,万历时又曾疏浚,由周家口入颍,宜在此时。惠民河(蔡河)与贾鲁河(小黄河)究为一东一西不同位置之二水道,然早在明代小黄河已有蔡河之称,若以黄河不断改道仍可名之为黄河,则以俗称之小黄河为蔡河亦未尝不可,但终须分别其前后之不同。前儒研究黄河正是如此,今研究鸿沟(蔡河)亦当如此。自明以来地方志将两河混而为一,不加分疏,妄以旧道合新河,则大错也。顾氏正为地方志所惑,纷然错乱。《清一统志》能稍加分辨,知贾鲁河与《水经注》《元和志》之蔡河不尽合,又知贾鲁河之名为不当,皆胜于顾书。顾书为一家独断之学,《统志》则杂出众手,而顾书竟不如《统志》,诚可异也。然《一统志》又言:"旧志名目错列,水道几不可辨,今据舆图考订,通为一条。"既知旧志之非,又通蔡河与贾鲁为一条,又何以异于旧志!前人作地方志,多彼此抄袭,未能寻根究柢,故愈益紊乱,既不知问题所在,亦无能研究问题,使近二千年之大运河及百数十年之黄河枝津竟若明若昧,惝恍迷离,而与此渺不相干之贾鲁竟蒙开河大工程师之誉,嗟夫!

附:宋代开凿通汉淮水道之尝试

《宋史·河渠志》载:"白河在唐州南流入汉。太平兴国三年,西京转运使程能献议请自南阳下向口置堰,回水入石塘沙河合蔡河,达于京师,以通湘潭之漕。诏发唐、邓、汝、颍、蔡、陈、郑丁夫及诸州兵凡数万人……堑山堙谷,历博望、罗渠、少柘山凡百余里,月余抵方城,地势高,水不能至,不可通漕运。""端拱元年,阁门祗侯阎文逊、苗忠俱上言:开荆南城东漕河至师子口入汉口,可通荆峡漕路至襄州;又开古白河,可通襄汉漕路至京。诏……发丁夫治荆南漕河至汉江,可胜二百斛重载,行旅者颇便,而白河终不可开。"此白河今仍名白河,即《水经注》之淯水;此沙河今仍名沙河,即《水经注》之滍水。通沙于白,即由汉以通于淮,再自蔡水以达汴京。荆南指江陵,可由扬水以达于汉,湘潭之漕可由涔澧以达江陵,进可转至汴京。程能献、阎文逊所开通湘潭至汴京之水道,可谓宏伟矣。《河渠志》又载,熙宁中:"陈世修乞于唐州引淮水入东西邵渠,灌注九子等十五陂,溉田二百里。"邵渠为汉南阳太守召信臣所开,造钳卢陂,开六门,溉穰、新野、昆阳三县(见《水经·湍水注》)。淮水源出桐柏山,唐河上游醴水与淮同出桐柏山。引淮入湍,不仅联系两水间之唐、白诸水,亦为沟通淮、汉大计。惟淮、汉间有桐柏山阻隔其间,限于当时技术水平,皆未能成。

　　《宋史·河渠志》载:乾德三年,陈承昭"率丁夫数千,凿渠自长社(今许昌)引潩水至京师(开封)合闵水。潩水……历许田,会春夏霖雨,则泛滥民田。渠成,无水患,闵河益通漕焉"。淳化二年:"诏自长葛开小河导溴水分流二十里,合于惠民河。"惠民河即闵河,合溴以后,南北互通。盖黄淮平原千里,如遇霖雨,北盛则南泄,北涸则南亦足以济之,穿渠引灌,自易成功。

据 1958 年手稿整理

《华西大学图书馆四川方志目录》序

　　方志者,国史之一部。其始也,支辞琐记,徒资见闻,若《益部耆旧》(陈寿)、《会稽先贤》(谢承)、《豫章烈士》(徐整)、《陈留神仙》(阮仓)皆以褒美前德,矜式后人。其他复有《关东风俗》(宋孝王)、《江左文章》(宋明帝)、《临海水土》(沈莹)、《交州异物》(杨孚)、《洛阳伽蓝》(杨衒之)、《华山精舍》(张光禄)、《吴郡地理》(王僧虔)、《司州古今》(刘澄之)、《江南故事》(应詹)、《三辅决录》(赵岐),其途益广,其文益繁。地纪山志,何可毕数。皆以网罗放佚,用资兴观。逮于隋唐,而图经方志,郡国毕举。大业间,令虞世南、许善心作《区宇图志》一千二百卷,序别风俗,图列郡国。郎蔚之更作《隋诸州图经》,唐宋征引,此焉为多。综合州郡,备详风土,人物故事,集其大成。两宋之世,史学特盛,超越汉唐,蜀中史著之多、方志之富,更为特出。总宋蜀中四路图经,无虑千卷,而蜀人李宗谔所序已一百七十五卷,殆于方方有志。以余之浅陋,所考见者将二百种,乃《宋史·艺文志》所著录,殆止五十,倪灿所补,益无足观。当时僻远山陬,亦皆有志:如史宪《茂州图经》,李嗣文《雅安志》,王寅孙《沈黎志》,则汉源也;杨熹《龙门志》,则龙安也,复有《续志》,未知即《宋史》王向弼之《龙门记》三卷否;有邹孟卿《宁武志》,则昭化也;《大宁图经》,则巫溪也;长宁有贺寅东《志》,有《续志》,有《图经》;阆苑有朱涉《记》,有何求《前记》、曹无忌《续记》、王震《新记》,《宋史》惟著三十卷;夔州、重庆各有四五书,他更可知。其书之多者或三四十卷,少者或五六卷,或二三卷。佚闻旧典,往往而在,可谓特盛,比诸他省,固远过之。张刚《通义图序》云:"后世以蜀学比齐鲁,其民以《诗》《书》为业,以故家文献为重,夜燃灯诵读,声琅琅相闻。"以此为乐,岂虚言哉。惟是撰述既多,义趣益远。难乎陈谦之述《永宁编》,而留元刚为之序曰:

是编非取夫搜摭新故、夸诩形势而已,事变之会,风俗之趋,盖将有考焉。观叙州自晋以来,守凡几人,孰贤孰否。观叙人自国朝以来,作者几人,孰先孰后。熙宁而后,所易兵制,善于古否?建炎而后,所增税赋,安于民否?水利何为而便,役法何为而病,是非得失之迹,废兴沿革之由,安危理乱,于是乎在,一言去取,万世取信。

卓哉其言之矣。又观罗愿之序《新安志》曰：

　　夫所为记山川道里者，非以示广远也，务知险易，不忘戒也。其录丁口顷亩，非以览富厚也，务察息耗，毋虣夺也。其书赋贡物产，非以结嗜欲也，务裁阔狭，同民利也。至于州土沿革、吏治得失，风俗之媺恶，与其人材之众寡，是皆有微旨，必使涉于学者纂之。自上世九州之志，与三坟五典，皆号为帝王遗书，而《禹贡》《职方》，孔子定之以为经。若直钞取计簿以为书，则凡吏之善书者足以次之矣；其施于事也亦然，若直据令甲以为治，则凡吏之毋害者足以听之矣。盖世常以此为无事乎儒，而儒亦卒不可废于世也，岂特此哉。

　　斯则两宋非特方志之盛，而其持义卓绝、寄兴悠长，诚不可及也。自明以下，史学衰而方志之义遂晦，今其存者多不足观。清世以来，更未知方志之有学，严条例，博闻见，美文词，若志之能事毕于此者，是乌足以言方志之事乎？章实斋在近世为善言史，其论有足尚者，乃其论方志，仅琐琐于记注之规，若撰述之事于方志无所涉，是固不足以窥宋人之门庭也。宋代方志佚闻旧典，尚存十一于千百，自明以来，不知收拾，续为州县之书者，删损旧事，徒增虚辞，视方志若类书，若文薮，修一新志，即灭一旧志，浮文日增，故典日坠，文丧其实，学昧其源，逞俭腹而肆野言，虽有志，若无志，可胜慨哉！迩者惟宥斋刘氏为《双流足征录》，所以补旧志之阙者多至七卷，事丰旨远，数百年来，一人而已。其为《蜀诵序》曰：

> 一代有一代之时风，一方有一方之土俗，一纵一横，各具面目。方志自有方志之精神，与国史异也。向来于方志，上视为国史横剖之一部分，以为一方不似一代，无所谓自成面目者。吾今以土俗贯论，豁然无碍，乃知方志与国史各有一贯。十五《国风》，百篇之《书》，本非同物。特古之方志不传，即诸县志又徒填泛誉之词，土俗面目，多已沦亡，故不可说耳。

斯宥斋识已骎骎度骅骝前矣，是固一代之雄乎！夫一区域之史，犹之一民族之史，英、法、德、苏，莫不有其各具之性格，史而失此，则无所用于史。以蜀而论，其社会发展之迹，时之先后，固有大异于中原者，中国之世族盛于晋唐，而蜀独盛于两宋，斯其明验。若此之类，何可殚数。皆所谓自具一历史面目者也。撰方志而不知此，犹之传一人之事者，昧其人特殊之性格与事为，但迹其仕履，而又杂之以米盐琐细，则百人之传大致可同，是固不得为善作传者。作志而徒孜孜于山川道里、祠宇津梁，则百郡千城皆不异此，又何以为此州之籍而必非别郡之书？

然舍此数者，又何以为志？故必有以知其始卒而识其全。义具乎文之先，而意存乎文之外，事核辞信，振笔直书，犹于一人音声笑貌、喜怒刚柔，随事而见。若夫起例修辞，又其次焉。明清以来，几于县各有志，而宋人之法，若存若亡，实斋所谓不可倚之于文人、委之于吏胥者，终莫之能外焉，为之者曾不自知其未可，而书日累累竞出也。

近二三十年间，郡县之志，价重一时，华西大学旧收蜀中方志达四百余部。一二年来，林名均先生实董其事。稽之著录，凡县有数志而未备者，勤加搜求，孤本稿本，亦为缮录，书有缺页，板有坏字，皆为补写，俾成完编。别为目录，凡修刻年月、编者名氏，详考录之，别具义例。蜀之方志，此为大观，从事于斯者，俾有借鉴。编订已毕，将付削氏，属叙于文通，文通谫陋无学，何足以叙名均之书，姑述所闻以质于名均并世治方志之学者。顾瞻遐迩，英俊如林，聊贡刍言，当有不吝金玉以教名均及余者，跂予俟之。辛卯岁，蒙文通序。

原载 1951 年 10 月《华西大学图书馆四川方志目录》

对《辞海》(试行本)历史地理水道部分所提意见

我在这篇稿件中学到很多东西,也因这篇稿件引导我作进一步的探讨,使我更得到一些收获。这篇稿件反映了两汉到清代以及最近二三十年来学者所研究的成果,网罗宏富。但亦因各时代的研究结论不同,自然把这些成果统一起来是一件难事。我在这些问题上提出不同的看法,是很不成熟的,为商讨起见,也许是有益的。

白沟条 原稿"左睢水上承沙水、汳水"。案汳、沙自浚仪而分,汳(汴)东注,沙南流。睢水自陈留首受狼荡渠,可云上承沙水,不必言承汳水。又原稿云:"唐载初元年,引汴水入白沟,称为湛渠。"此说本于《新唐书·地理志》开封县下。这一白沟在汴水之北,《舆地广记》于封丘、阳武二县皆有白沟,二县在开封之北,汴水北之白沟为济水故道,故唐通之以通曹兖之漕。湛渠也在开封之北,《方舆纪要》也有所记。至睢水之为白沟,则在汴水之南。自《方舆纪要》把唐宋的两个白沟误混为一,若从睢水东下欲以通曹兖之漕,是不免要溯泗水北上,或无此理。

芍陂条 原稿"也叫期思陂"。把期思、芍陂合为一说,同在寿春,此为《方舆纪要》说。惟《纪要》似又把期思水灌雩娄之野说在河南固始,宜再查(我此时未暇检《纪要》)。

沈水条 原稿"当即今四川郫江"。这也是《方舆纪要》之说。《元和郡县志》郫水、沈水同列于一篇之中,郫江在涪水之西,沈水在涪水之东,是宋代的杨桃溪。但后人从《纪要》者很多,恐有误。

沫水条 原稿"汉魏南北朝称今大渡河为沫水"。案《汉地理志》称今大渡河为渽水,《水经》的沫水是今青衣江,但唐时已称汉的渽水为大渡河。惟在明代尚未称今之大渡河为沫水。《舆地纪胜》以阳山江为沫水,《寰宇通志》说沫水发源芦山县,与阳山江合流,也说大渡水在芦山县北,这都与《汉志》合。《方舆纪要》不免说沫水为今大渡河。而段玉裁注《说文》也说大渡河是沫水。他是据《江水经》文与《纪要》,惟《水经》别有《沫水篇》。至《江水经》中"又东南过犍为武阳县,青衣水、沫水从西南来合而注之",这里的沫水,朱郁仪本原作"洙",《笺》改作"沫"。全、戴、赵各家都改作沫,如果他们没有改错,自然这里的沫水是大渡河,但《注》并未言及沫水而只言渽水,渽水自然是大渡河。我想朱的"洙"字是"渽"字之坏,而诸家误改为沫,不免与《沫水篇》淆混。段所据为误改本。又李注《文选》、张守节《史记正义》、颜注《司马相如传》都音沫为妹,但颜在别处又音末,唐人所见本作沫作沫各不同,孰为正确,很难决定。如依《说文·水部》求之,应沫为是,因篆文分明,不似隶书沫、沫易混,诸家音妹应该是错了。沫水是在西去路上,若水在南去路上。

南江条 案《禹贡》有"三江既入,震泽底定"之文,知南江是存在的。《汉志》说南江在吴县南,我觉得阮元、顾观光的解释是可信。因《说文》言"江水东至会稽山阴为浙江"(《说文》浙字渐字分别为二水)。《论衡·书虚篇》说有丹徒大江、有钱塘浙江、有吴通陵江(松陵江),以此说三江,可以订前人异说。盖南江自三江口折而西南至余杭,又折而东南至余姚入海,此所以为浙江,所以为之江。于隋江南河、宋下塘运河求之,庶几见其故道。浙江入吴之说,我曾读顾炎武《肇域志稿》,似较阮氏为优,或仍宜以吴淞说中江。芜湖太湖间中江古道,五代宋明间时通时闭,明确可据,似宜补"中江"一条。至《汉志》之分江水,本非南江,《水经注》妄以为南江,其所叙水道显然不存在,这是极正确的决定。至中江、南水水道的委曲,段玉裁、顾观光、王先谦诸家之说,似皆可酌量用之。阚骃《十三州志》亦说江水至会稽与浙江合,郭璞说三江者岷江、松江、浙江也，南江一道似即隋之江南河。

《续汉书·郡国志》吴郡毗陵北江在北，丹阳郡芜湖中江在西，会稽郡山阴有浙江。案此说正同《说文》。《续汉·郡国志》虽出司马彪，然郑玄注《书》每引《地理志》，却与《班志》不同而与《郡国志》同，应是《东观汉记》有《地理志》，为郑氏所取材。司马彪即《东观·地理志》作《郡国志》，故知二家皆出《东观汉记》，许氏《说文》殆亦取《东观汉记》，以两《汉志》及《说文》讨究南江、浙江首尾，事或可凭。《水经》亦与此合，皆东汉人说，或可信据。

梁山泊条　　《寰宇记》说周二十里，是宋初情况，八百里是熙宁时河决曹村，破坏四十五州县。金时渐涸，元末河决，梁山泊又八百余里。明时浚其下流，得田百余万顷，见《明史·河渠志》。

荷水条　　原稿"唐时也叫五丈沟"，而《水经注》卷七于荷水说"世谓之五丈沟"，此名殆早。宋世谓之五丈河，即广济河。

惠民河条　　此即古鸿沟，可附带说明。

鸿沟条　　稿云"东汉以后逐渐埋"。《水经注》的渠水即是鸿沟，下流即是沙水。《注》又以开封以南即为沙水，故云汴东注沙南流。六朝时沙水已有蔡河之名，见《魏书》，仍是当时运道。《注》言"汳沙到浚仪而分"，又言沙水"音蔡"，即五代北宋之蔡河、惠民河。

济水条　　稿言"济水自今荥阳北从黄河分出"。

《班志》既云济水于武德入河，在东（下流），若从荥阳分河，在西（上流），此《班志》之矛盾。鸿沟于荥阳分河，始梁惠王，是正确的。宋时已有此论。《班志》因王莽时大旱（《续汉·郡国志》），河济水断（《水经·汳水注》），故班以溢出荥地言之，则自荥阳分河。若济自荥阳分河，自必以渠水（鸿沟）为受济，而鸿沟不得云于荥阳分河。于梁惠开鸿沟之说有碍。《史记·河渠书》言："自是之后，荥阳下引河东南为鸿沟……与济、汝、淮、泗会。"班《沟洫志》亦云然，是鸿沟出河非受沛。鸿沟东南会沛，非自荥阳出济。《河渠书》《沟洫志》为古说，足以证《地理志》为王莽以后之事。郭璞、杜预皆以"济自卷县出河"，合于《班志》武德入河之说。《水经》说："阴沟出河南阳武浪宕渠。"而《注》说："阴沟首受大河于卷县，京相璠以为出河之济，又非所究。"这是道元之误（阴沟正对鸿沟而言），而翻以不妄为妄。京相璠正与杜、郭说合，此正是古义。若如此，则鸿沟分出之水所谓北济上段自鸿沟分出，以接于阴沟一段水程，应即郯水（见《郯注》），而班误以为济自河济水断，济水实以郯水、渠水为上源，故班氏云然，但与西汉以上之事不合。

又鸿沟确为梁惠所开，但楚灭陈后，鸿沟入颍一段已早在楚境，此必不能由魏人开之。我想"白圭相魏"，"白圭行堤"，正所谓"丹之治水愈于禹"。鸿沟就是白圭开的。孟子说他是"以邻国为壑"，白圭开了鸿沟，楚人大受水患，必然要求解决，鸿沟入颍一段当然是楚人所开。《史记·河渠书》说："于楚西方则通渠汉水云梦之野，东方则通鸿沟江淮之间。"这说明鸿沟是魏人楚人共成之。由施水接肥水、入巢湖、通大江，正是所谓"通鸿沟江淮之间"，也正是《左传》所谓"越人归楚乘舟，王及圉阳而还，吴人踵楚而边人弗备，遂灭巢及钟离而还"。这一水道是孙星衍讲得好。沈钦韩惟知邗沟是沟通江淮，但又说是吴事非楚事，王先谦以《史记·河渠书》"鸿"字为衍文，倘大误也。

战国时每言"浊河清济"，盖以河溢为荥，经荥泽之沉淀，其下流为清济，古人惟见沇水于武德入河为清水，于卷县出河之泲亦清水，故以为一水。伏见之说始于许敬宗，殆以隋通汴渠而济遂绝为枯河。见《寰宇记》引《国都城记》说巨野以上湮废为隋事非唐后事。《新唐书·地理志》开封有湛渠，载初元年引汴注白沟以通曹兖赋租，这是行于汴渠东北，故通曹兖。这就是宋代五丈河的水道，即是济水、荷水于唐时复通。许敬宗据先时言之，故有伏见之谬说。《元和志》说："今东平、济南、淄川、北海界中有水入海，实荷泽汶水合流亦曰济河，非本济水也。"杜佑说亦略同，正以巨野以上水道堙废耳。后来各家经注亦颇以伏见为说，诡诬不足论。《水经》济只一道，《注》则分北济、南济。由《经》言之，自济阳以上，北济为《水经》济，而南济为《周官·职方》之荥川，即《穆天子传》之荥水。

自荥阳以下，南济为《水经》之济，而北济曰濋水，即《禹
贡》《尔雅》之沮水。此《经》言济水所径之城邑足以验之。
北宋五代之五丈河，并开封以东之南济与荷水言之，荷水
原有五丈沟之名。

汜水条　　按第一条之说是。第二条应是汜水，音
祀。《经典释文》于此有凡、祀二音，又并取徐邈，亦误。
郑之汜为凡，与曹之汜相乱，恐是徐误，陆从徐耳。《史记
正义》于《商纪》四年云："汜音祀"。此在郑州。于《高纪》
五年说："汜音敷剑反。"此在曹州。《汉书》颜注于《高纪》
四年引如淳说："汜音祀。"师古曰："此水旧读音凡，今彼
乡人呼之音祀。"则在郑者颜亦音凡。于《高纪》五年颜亦
音敷剑反，是颜与张守节、如淳所见本不同。考之《经典
释文》于郑地之汜凡七八见，皆音凡。惟于成三年云："音
凡，或音祀。"这也是所见本不同。《释文》于襄二十八年、
昭五年同云："徐（邈）扶严反。"本既不同，则乡呼为是。

渝水条　　渝水于《水经注》凡四五见，为今四川之
南江（难江），经过巴中下至渠县，合潜水、不曹水为宕渠
水，入西汉水，《汉地理志》言入灊水。《蜀志》程畿为汉昌
令，县有賨人。汉昌即今巴中，故《后汉书》《华阳国志》并
言阆中有渝水賨人。汉昌于后汉始为县，故范、常二家并
言阆中，从秦汉间言之。《方舆纪要》因之以嘉陵江为渝
水，即从阆中之名而误。

潓水条　　此水惟见于《禹贡》《尔雅》，正如原稿所

举灉水出河入雷夏泽,则应为东南行,今言"源出河南东明,东北流经鄄城,西南至郓城,西北入黄河",则是东北行,于方位反成交叉,若以今赵王河言之,于古水道为北济濮水所经,不可以言灉水。既言源出东明南,东北流是决非出河,何以谓之灉?《水经注》以瓠子河为灉水,此水原自河出东南行,可入雷泽。北济为澭水(即沮),东北行,自可灉沮会同,由今之赵王河以会于雷泽,此实近之。原稿言:"于郓城西北注入黄河。"西汉以往,郓城不接黄河,惟潔水耳。《汉书》有濮水无瓠子河,《水经》有瓠子河无濮水,此为《水经》之失。《水经》济渠、濮渠合瓠子河入将渠以接黄河,此东汉后来之河。且《史记》言:"河决瓠子,东南注巨野,通于淮泗。"《盐铁论》说亦同。巨野以下东北行之瓠子河,诚非史公当时所见。此瓠子河及将渠邓里疑皆平帝以后河汴决坏之迹,不注巨野,又东北行,皆与史公所论不合,是《水经》之说为不可从。《汉志》濮水注都关羊里水,即瓠河故渎也。许慎、应劭皆言濮注巨野,则巨野以下乌有济渠、濮渠、瓠河故渎之说。《济水经》《注》并有济濮同入巨野之文,亦征《地理志》濮入巨野之说,与《瓠子河经》《注》不合,疑《瓠子河经》《注》为失。则郓城西北注入黄河一道疑未可据。原稿引《元和志》文,按《志》文云:"灉水、沮水二源俱出雷泽县西北平地,去县十四里。"又云:"雷夏泽在县北郭外,灉、沮二水会同此泽。"而《史记正义》引《括地志》云:"雷夏泽在濮州雷泽县郭外西北,雍、沮二水在雷泽西北平地也。"是《元和志》即用《括地志》文,而一作"在",一作"出",义即有异,似以《括地志》为好。若只十四里则非出河出济之水,而是唐人漫以平陆畎浍之水当灉、沮。《说文》:"灉河,灉水也,在宋。"汳下云:"汳水至蒙为雍水,东入于泗。"是古有灉水,宜分别出之。《水经注》亦有汳至蒙为灉之说(《水经注》引许慎河灉水以说瓠子,是误合两灉字,知汳下流可云在宋,瓠子非在宋)。宋人以汳说《禹贡》之灉,因以睢水为沮,然汳、睢在豫州,《禹贡》灉、沮在兖州,其误自不必言。

大渡河条 唐宋后以沫水为大渡河,意见已具沫水条。

汴水条 此条不言汴水所出,《汉志》惟于荥阳下言:"卞水、冯池皆在西南。"冯池依《水经注》即李泽。《注》又言:"汳受旃然。"即是索水。《注》又言:"济水又兼邲目,音卞。"亦即《注》所谓北济,又东与阴沟水合,此汴水所出之一说也。《禹贡》"荥波既猪",而郑注《周礼》"其浸波溠"说:"波读为播。"《禹贡》:"荥播(《史记》亦作播)既都。"是以荥为一水,播为一水。《说文》潘下云:"一曰潘水,在河南荥阳。"江声、陈乔枞皆以波、播、潘、汴为一字,《禹贡》之播即后所谓汴,在春秋时为邲水。《水经》言汳水出阴沟于浚仪县北。《说文》言:"汳水受陈留浚仪阴沟,至蒙为雍水,东入于泗。"同以汴始于浚仪阴沟,此第二说也。阴沟上接邺水，此与第一说通。《水经注》又说："丹沁乱流，于武德绝河，南入荥阳合汳，故汳兼丹水之称。"于后又引《竹书纪年》："宋杀其大夫皇瑗于丹水之上。"又曰："宋大水，丹水壅不流。"以证汳水原即河北之丹水，自"河济水断，汳承㳻然而东"，此第三说也。《注》以汳沙为阴沟，又引《续述征记》曰："汳沙到浚仪而分，汳东注，沙南流。"正《注》以渠水为沙耳。惟汳沙为阴沟之说，不免混汴水于渠水，此在《注》所谓南济之南，与邺为潘水、汴水之说有异，以邺在南济之北，此亦可谓为第四说。总而言之，邺水、潘水在梁开鸿沟之先，而《竹书》之丹，未必即因于河北之丹，至"汳承㳻然"，应自阴沟水断，而后汴受渠水，先后情况不同，于是汴水所出先后有三说（第四说不可从）。

　　增补"湔水"条议　　尝考四川今所谓沱水于泸水入大江，此于《汉志》为湔水，或曰绵洛水、牛鞞水。直至宋明及清初如《今水经》《方舆纪要》之类，此水皆无沱名，自胡《禹贡锥指》谓沱水宜为此水，尚作疑辞。《清一统志》承之（《一统志》稿原为顾、胡、阎、黄于康熙时为之），遂决定以沱水之名加于古之湔水。《水道提纲》因之，至今乃为不易之说，此大非也。由汉唐至宋所谓沱皆指郫江而言，所谓江指流江而言。今以灌县至新津一段为大江正流，在汉只谓之酄水（宜读涛），宋所谓导江，也称皂江，惟在宋时亦有认导江为大江者，但在元代仍或认流江（在成都城南）为大江，以郫江（在成都城北）为沱，在清以前似无异说。此等古说深有理趣，盖有平原必有河流，此自然之理，李冰不过加以修治，以利灌溉。《禹贡》之江沱皆小水，自滋人疑。然古代记山水皆以切于人民生活之故，而非以其大，胡氏于《禹贡》往往皆以大山大水易古说，而忽于人民生活，为写时代知识所局限耳。《水经》《元和志》所谓江沱不异于汉，此为可取。可否补湔水一条，正沱江之古名（此二水初皆在成都城南，至高骈始移郫江于城北），湔、沱二水原不相接，唐武后时刘从易决唐昌沱江合岷岐山水溉唐昌田，见《新唐·地理志》九陇县下，二水相接始此，在唐前之湔何可称之为沱（别有详说）。

辨小黄河与贾鲁河　　清代有贾鲁河之名，尝考之前代不可得，陈兰甫至以贾鲁河说宋之蔡河、汉之莨宕渠，此实大误。杨氏疏《水经》，考之最悉。两河乃自北而南平行之水。贾河在西，蔡河在东。今贾河一道于《寰宇通志》《明一统志》实为黄河。自正统十三年河决黑羊山，遂分为二流，见《明史·河渠志》。此河自朱仙镇（蔡河始开封城东）南至陈州，后更改道自西华入颍，蔡河于此时湮废。当因河水洪涛，非蔡河能容，故行于蔡河之西。蔡河自六朝至宋，堤岸已高，河傍堤行。在明一段时间直称为黄河，约有八十年至百二十年之久。自河从涡行之后，此道称小黄河，至《清一统志》仍存小黄河之名。朱仙镇以西上源之水原有贾河之名，后来即以上游之名名下流之水,此道实与贾鲁无关。《水道提纲》于此水不能得其定名,因谓之"荥阳诸水",以诸细流皆合于此水耳。而在《寰宇》《一统》两志于诸细流皆谓入黄河,实即合于今贾鲁河。清人不察,误以此说鸿沟,非止陈兰甫,旧《辞海》说贾鲁河也是如此。此一黄河改道分流之迹,《禹贡锥指》忽之,遂不为人所注意,《方舆纪要》于此亦淆混。

论东西汉水　　两汉水同源之说,自汉至魏晋无异议。自《魏书·地形志》始分别为二水。如前代之说,于水道不知其实,徒为疑似之说。然在三国之时,汉中、武都两郡蜀魏争战极繁,不能不知其详。邓艾就说过:蜀以水道,魏以陆运,彼逸我劳(语大致如此)。知蜀更利用水道。常氏蜀人,作《华阳国志》,仍说"汉有二源,东源出武都氐道漾山,西源出陇西嶓冢山"。自班氏本之朱赣条别山川,风俗户口详实,非同稗官。又魏晋以来,地方之史亦盛,《水经注》于漾水一篇记载最悉,宜有所本。《漾水注》说通谷水,《沔水注》说献水口,复征庾仲雍、孔安国(即王肃)之说,事或不疑。倘西汉水劫夺东汉之源耶?此间吕子方教授研究地震,说天水南下一带,松汶地区直至云南,地下有火山脉,六朝时此火山曾活动,造成地震,地壳因之变动,陵谷反复,庶几近之。又如巢湖有一夕化为湖之说,则施肥二水间唐人谓平冈四十里,此说不见于前代,倘亦地震地壳有变动之故。《左传》每言"豫章之汭","舍舟豫章","自豫章与楚夹汉",似淮南、江北有豫章之水,沟通淮汉,此类皆可存疑,颇难肯定。在今日地貌学正开始的时候,不妨多留些题材。以此类问题尚多可供研讨。《漾水注》云:"汉水又西南径关城北,又西南径通谷,通谷水出通溪,上承漾水,西南流为西汉水。"《沔水注》云:"沔水又东南径沮水戍而东南流注汉曰沮口,所谓沔汉者也。《书》曰:'嶓冢导漾,东流为汉。'东北流得献水口。庾仲雍云:是水南至关城合西汉水。"东西汉水之通在关城一道。《三国志·钟会传》:"会径过西出阳安口,使胡烈等前行,攻破关城,得库藏积谷。姜维还至阴平,欲赴关城,闻其已破,退趋白水。"《姜维传》:"维表后主宜并遣张翼、廖化分护阳安关口,阳平桥头。……(会)遣别将(胡烈)进攻关口,蒋舒开城出降,傅佥格斗而死。会闻关口已下,长驱而前。"《维传》之阳安关口即《会传》之关城。钟会已至沔县围汉城乐城,而径出阳安口,正是献水口通谷水一道。此魏蜀争夺形势所系,沔县即刘备即汉中王位之处,亦诸葛葬定军山处,此道交通频繁,正如原稿阳安关条所说"地处秦蜀间水陆交通冲要",此得其实,如谓:"古人误认漾水为汉水上源,六朝始知其非。"但交通冲要处古人当不至误认,惟其为冲要之处,故关城多有"库藏积谷",邓艾所谓"彼以船行,吾以陆军,劳逸不同"。正蜀由水道以北出,而魏则限以秦岭山系。东西汉水之间通流与否,在三国宜知之,常氏蜀人更宜知之。由此而北,诸葛出围祁山则以木牛运,积粮斜谷则以流马运,皆因舟楫不通之处始以技巧代之。又《巴汉志》亦说："汉水二源,东源出(氐道)县之养山名养。西汉(出)陇西嶓冢山,会白水经葭萌入汉,始源曰沔,故曰汉沔。"文与《常志》合,此时方志亦同于经文史传,或非无稽之说。故我觉得不如存疑,不必遽作肯定谓其必无通之迹。《巴汉志》昔贤疑即谯周之《三巴记》,谯、常皆蜀人,谯更当诸葛、姜维之世,必有据验。《水经·沔水注》引庾仲雍说："汉水自武遂川南入蔓葛谷,越野牛径至关城合西汉水。"《隋唐志》有庾仲雍《江记》五卷,《汉水记》五卷,殆专为水道而作者,道元于《漾水注》最详,殆皆本之庾氏,或近事实不诬。

五丈河条 "入于济水"一句,或是"入于泗水"之笔误,因五丈河即是济水。

运河 原稿云:"商丘以下乃新开运道。……但此段运道中唐以后始畅通,隋及唐初仍由汴入泗入淮为主。"我对此段所说尚未能透彻理解。因此所谓新旧两道似本之苏东坡《书传》,先后二道无问题,但由隋至宋长期中变动应当还多,而唐人记载不详,苏说亦略。因为由唐宋有关运道事观之,颇似二道并用。汴水通泗一道始终存在。这当然不是并用而是水道有变迁,各疑有时通时塞之事,此尚应深入研讨。若断言隋及唐初仍用旧道,则新道之开有何意义?似非事理。即在苏氏以后,似泗水旧道仍与运事有关。

此篇系 1962 年春对新《辞海》(试行本)历史地理水道部分所提意见,意见寄出后得编写组主持人谭其骧先生覆函,谨摘录部分于下:"手教二通及《辞海》书面意见先后奉到,感佩无以。为《辞海》提意见虽多,能如此细致认真,恐唯先生一人而已。所论各点,往往发前人所未发,令人茅塞为开。其中有原稿错误者,自可径予改正;有涉及《辞海》体例问题者,俟与小组同仁研究讨论后再作决定。《辞海》例不采一家之言,众说纷纭者,可并举数说,有充分依据之新说自可采入。唯无论如何,尊说当尽可能采入。至于建议增补条目,自不难照办。亦有鄙见与尊见不尽相同者,稍暇容录呈请正。……"

蒙默　整理后记

2013 年 2 月

致谭季龙先生论清人之黄河故道诸说

季龙老兄：

　　前寄上书面意见，浅薄之甚，令人惭怍，老兄当有教之。兹者漫有所陈，希予指正。运河与黄河故道，弟甚疑于清人之说，然刻亦无以明之。前偶阅李濂《汴京遗迹志》，乃知胡东樵禹河之说实源于李氏，惟广之为十五证，视李说为详耳！其较为有力之证皆具于李书，岂胡氏未见李书耶？未必然也！细绎十五证，亦大略如此耳。如欲确指其地，则又甚难。惟西门豹投巫报河伯独为明确。但魏文侯时河水已远径邺，则所云河伯娶妇云者，殆漳河非大河，亦不足据。曹操遏淇水行宿胥故渎，是淇水所行应即禹河，乃与李、胡之说不合，何耶？淇水于内黄以下实行于《汉志》之清河，胡氏以为"清河之来已久"，"今清河又分河水。……邺东河道之塞未必不由此"。于清河由来，胡氏亦无以说之。淇水行宿胥故渎，又行于清河，岂清河即禹河耶？此又不然。胡氏引《战国策》说赵东有清河,说齐西有清河,于是胡氏以《班志》之清河为战国之河,遂于胡所谓禹河之东、莽河之西别清河一道。杨图战国水道因之。弟意颇以为疑,考之《沟洫志》言:齐与赵、魏以河为境,各筑堤去河二十五里。是言齐赵以大河为境,则苏秦所云清河即六国之黄河,殆大河经黄泽之沉淀,故浊河为清河,安在大河之外别有清河? 胡说、杨图皆未可为定论。魏齐接境在黄泽以上,故于魏则称浊河,以言西汉有清河尚可,若言六国时大河之外别有清河,又未必然也。若以汉清河郡言之,则张甲右渎(即淇水所入)行于枣强,漯出东武阳,鸣犊出灵,屯氏径贝丘莽河故渎、径故厝,又绎幕、东阳皆莽河所经。而张甲于信成分屯氏,张甲左渎近缭,凡复阳、清阳、郦县皆莽河、清河之域,而皆汉清河郡地,是不必清河郡之名即原于所谓之清河水。以《沟洫志》之说而论,则清河即六国之大河,《汉志》于内黄但言“清河水出南”,不言所入及行几里,《汉志》之例,兼陈古说异义,未必实有如淇水所行之清河。盖以兖州之域,地下而土疏恶,商竭周移,所在决荡,宁止一二,载籍不具,后人欲凿凿论之,事固难矣。此弟于大河运河故道深感困难而又无以说之者。幸老兄有以解弟之茅塞。西汉一代河决者多次,若周定王五年以后无横溢之患,殆可疑也。郑玄以屯氏别河为禹河,《水经》以莽河为禹河,与清人所论不易定其谁是谁非,并存而存疑乎! 若焦循辈必以郑氏之说为不可易,斯又专固可笑耶！前上一函于《水经》阴沟一篇决为三国时人语,兹于淇水一篇其事更显。《汉志》言:河内共淇水所出,东至黎阳入河,而《水经》言:"淇水东过内黄为白沟,又东北过广宗为清河,又东北过漂榆邑入于海。"此为魏武遏淇水行宿胥故渎之道。杜佑以来皆以汉魏郡县之名考《水经》著作时代,近人或又提出《经》用地名仅为西汉郡邑之说,若以淇水、阴沟二篇言之,则《水经》为三国时书,出于蜀亡之后,此又一证。然此固尽人皆知之事,无足道也。

近于戴校《水经》嫌其改字专辄违戾实多。戴窃赵书,早为定论,弟于此复有言者,《水经注》疑难之处实多,全、赵于此等处虽说或有未谛,而后之学者亦未必皆有以解之,诚为专家之学未可易易言也。乃戴于此等处亦多未置言,始疑戴于《水经》之学用力固不深,其不得不窃赵宜矣。乃并《经》言过、《注》言径一例亦窃之,诚为可笑。又考之《戴集》,于《水经》一序一跋外别无所论,它唯论《元和志》等二三事,不过乃因修方志事及之。戴诚硕儒,唯《水经》非所致力甚明,此无足为讳者。清人所校,功不可没,亦有未尽善者,欲烦老兄于上海访求一黄省曾本,欲以校本合未校改本读之。缓求,不必汲汲也。《辞海》时间太迫,此实大难。李俊民同志一函甚感,亦甚愧也。此间工作亦多,惜未能于《辞海稿》多阅读。此函非有甚意见,不过朋友间商讨请益,略述其所疑于前人之见而已。

弟 蒙文通

三月廿三日

此据留底整理，作于 1962 年。